INTRODUCTION À L'ÉTUDE DU DROIT FISCAL MALIEN

Abdoulaye KALOGA

INTRODUCTION À L'ÉTUDE DU DROIT FISCAL MALIEN

L'Harmattan
Mali

ACI2000 Bamako - Immeuble Jean-Marie CISSE
Bureau 10
Tél.: +223 76 43 00 66 /+223 66 89 33 72
www.harmattan-mali.com

Couverture et mise en page : Coco Joyce

ISBN : 978-2-336-63710-5
EAN : 9782336637105

SOMMAIRE

SIGLES ET ABRÉVIATIONS

ADIT	Acompte sur divers impôts et taxes
BCEAO	Banque centrale des Etats de l'Afrique de l'ouest
BM	Banque mondiale
CEDEAO	Communauté économique des Etats de l'Afrique de l'ouest
CGA	Centre de gestion agréé
CGI	Code général des impôts
CFE	Contribution forfaitaire à la charge des employeurs
FMI	Fonds monétaire international
IBIC	Impôt sur les bénéfices industriels et commerciaux
IRF	Impôt sur les revenus fonciers
IRCD	Impôt sur les revenus des créances et dépôts
IRVM	Impôts sur les revenus de valeurs mobilières
IS	Impôt sur les sociétés
ITS	Impôt sur les traitements et salaires
LPF	Livre de procédures fiscales
OCDE	Organisation de coopération et de développement économiques
OHADA	Organisation pour l'harmonisation en Afrique du droit des affaires
ONU	Organisation des Nations unies
PIB	Produit intérieur brut
UEMOA	Union économique et monétaire ouest africaine
TDRL	Taxe de développement régional et local
T-L	Taxe-Logement
TVA	Taxe sur la valeur ajoutée

INTRODUCTION GÉNÉRALE

La fiscalité existe dans presque toutes les sociétés et concerne presque tous les secteurs d'activité. Ainsi, on a pu écrire que « La fiscalité est partout. Tout est imposé. L'impôt est un leitmotiv quotidien, une fatalité de la vie. Dans les journaux, dans les chansons. Il y a deux choses certaines dans la vie, la mort et l'impôt »[1]. Certains auteurs témoignent que : « Parmi les institutions publiques qui forment l'armature des sociétés organisées, l'impôt est probablement de celles qui alimentent avec le plus de passion le débat politique. Pétri de références idéologiques, voire de justifications théologiques, il attise les conflits partisans, divise les cénacles universitaires, nourrit les programmes électoraux[2] ».

Le mot fiscalité descend du latin classique fiscus « panier de jonc ou d'osier servant au pressage des raisins, des olives ou du fromage ». Puis, le mot fiscus a pris le sens de « panier à serrer l'argent » et, sous l'Empire, « partie du revenu de l'Etat destinée à l'entretien du prince, trésor impérial »[3].

Le mot fiscalité s'entend, de nos jours, de l'ensemble des règles qui déterminent le système de perception des impôts, l'ensemble des lois qui s'y rapportent et des moyens qui y conduisent.

Le terme fiscus a, par ailleurs, donné naissance au mot « fisc », qui désigne, depuis le XVII siècle, l'ensemble des administrations chargées de percevoir les impôts[4], au mot « fiscalgie » qui est la peur de l'impôt, au mot « fiscopathe » qui est celui qui est maladie à cause du fisc.

La fiscalité au Mali est un héritage colonial. Auparavant, l'Empereur mandingue Kankou Moussa avait instauré un régime

---

[1] Laure AGRON, Histoire du vocabulaire fiscal, LGDJ, 2000, P.9.

[2] ALLAND (Denis) et RIALS (Stéphane), Dictionnaire de la culture juridique, Lamy, PUF, Quadrige, 2010, P.805 et suivantes.

Il faut cependant observer que la fiscalité ne s'invite pas dans le débat politique au Mali.

[3] AGRON Laure, Histoire du vocabulaire fiscal, LGDJ, 2000, p.85.

[4] Popeck a une autre vision de la chose. Il note que « Le fisc est une association de malfaiteurs reconnue d'utilité publique », Popeck et les impôts, sketch de Popeck, 1984, SACEM, par AGRON Laure n, P.85.

d'imposition qui aurait certainement contribué à l'apogée de son empire. A cette époque, un impôt de capitation était acquitté par tous, sous forme de céréale, d'or, de coton, qui alimentait la caisse impériale. L'histoire raconte que c'est à cette époque que nombreuses infrastructures auraient été réalisées : les mosquées et écoles furent construites et des villes comme Tombouctou, Djenné ont pris leur essor.

Les caisses de l'empire des Askia et celles de l'Empire Peulh du Macina ont été alimentées par des impôts payés. Samory TOURE aurait fait payer à tous les habitants un impôt aux fins d'avoir une armée forte et moderne.

Cette introduction générale sera consacrée à la définition et à l'objet du droit fiscal (section I), à la place du droit fiscal dans le système juridique (section II) et aux sources du droit fiscal (section III).

SECTION I. LA DÉFINITION ET L'OBJET DU DROIT FISCAL

Le droit fiscal apparaît comme l'ensemble des règles de droit relatives aux impôts. Le droit fiscal, « matière de droit public baignant dans le droit privé »[5], fixe les règles suivant lesquelles les différentes catégories d'impôts sont calculées, mises à la charge des citoyens et recouvrées au profit de l'Etat. En tant que discipline, le droit fiscal étudie les modes d'établissement et de recouvrement des différents types d'impôts par les pouvoirs publics.

SECTION II. LA PLACE DU DROIT FISCAL DANS LE SYSTÈME JURIDIQUE

Le droit fiscal a des liens étroits avec presque toutes les autres branches du droit. Il entretient des liens avec le droit constitutionnel, le droit administratif, le droit civil, le droit des affaires, le droit international et le droit pénal. Ces branches du droit relèvent tantôt, du droit public tantôt du droit privé, voire du droit comptable.

Le droit fiscal occupe une place centrale dans un Etat. Il est un outil de financement des dépenses publiques et / ou des interventions

---

[5] SAWADOGO (Filiga Michel), DEMBELE (Salifou), Précis de droit fiscal burkinabè, Collection Précis de droit burkinabè, 2002, P.14.

publiques. Toutefois, pour atteindre cet objectif, le droit fiscal n'agit pas de façon isolée. Il s'insère dans un ensemble juridique cohérent et a des rapports avec les autres branches du droit.

Paragraphe I. Les rapports entre le droit fiscal et le droit public

Le droit public est la branche du droit qui régit l'organisation, le fonctionnement et les relations des personnes publiques entre elles ainsi que leur rapport avec les particuliers, lorsque celles-ci agissent dans l'intérêt général et disposent de prérogatives de puissance publique.

Pour certaines raisons, le droit fiscal est une matière du droit public. En premier lieu, de par son objectif qui est de procurer des ressources à l'Etat pour financer les dépenses publiques, le droit fiscal relève du droit public. En second lieu, les mécanismes usités par le droit fiscal, notamment les prérogatives de l'administration fiscale, la juridiction compétente, le recours à la force, l'absence réelle de rapport contractuel attestent que le droit fiscal est une branche du droit public.

Paragraphe II. Les rapports entre le droit fiscal et le droit privé

Le droit privé est la branche du droit qui régit les relations entre personnes privées, qu'il s'agisse d'individus (personnes physiques) ou d'organisations (personnes morales). L'objectif du droit privé est de protéger les intérêts privés et de régler les rapports juridiques entre ces personnes, sans intervention directe de l'Etat en tant que puissance publique.

Le droit fiscal emprunte des règles du droit privé, notamment du droit civil et du droit commercial qui régissent les activités économiques des particuliers et même celles des entreprises publiques et les formes que celles-ci étant entendu que l'impôt, de nos jours, est assis sur des réalités économiques.

Paragraphe III. Les rapports entre le droit fiscal et le droit comptable

Le droit comptable est l'ensemble des règles juridiques qui encadrent la tenue, la présentation et la publication des comptes des entreprises et autres entités économiques. Il détermine les obligations comptables auxquelles sont soumises les personnes exerçant une activité économique afin d'assurer la transparence financière, la fiabilité de l'information comptable et la protection des tiers.

Le droit fiscal utilise plusieurs notions comptables. Le droit fiscal et le droit comptable sont deux disciplines juridiques intimement liées mais qui poursuivent des buts différents et obéissent à des logiques propres. Le droit fiscal se sert du droit comptable pour déterminer la matière imposable, en y appliquant ses propres règles. En France par exemple, « Les entreprises doivent respecter les définitions édictées par le Plan comptable général, sous réserve que celles-ci ne soient pas incompatibles avec les règles applicables pour l'assiette de l'impôt ». Une entreprise ne peut donc se prévaloir d'une disposition du Plan comptable général pour faire échec à une disposition fiscale[6].

Le principe est l'alignement du droit fiscal sur le droit comptable. Le droit fiscal s'efforce de se référer aux règles comptables mais s'il est parfois obligé de suivre une logique différente de celle poursuivie par le droit comptable. C'est certainement pour cette raison que « lorsque les textes le permettent, le juge choisit de faire le droit fiscal avec les règles du droit comptable ». Mais dans certaines situations, les normes comptables ne font pas bon ménage avec la logique fiscale[7]. Le principe peut être libellé ainsi : « A moins de texte spécial fiscal, la comptabilité tient donc le droit fiscal en l'état ».

Au total, le droit fiscal est « une matière de droit public baignant dans le droit privé ». Il occupe une place centrale et singulière dans le système juridique. Il est certes issu du droit public mais étant une matière complexe, technique et évolutive, le droit fiscal est devenu un droit autonome tout en maintenant des interactions constantes avec les autres branches du droit.

SECTION III. LES SOURCES DU DROIT FISCAL

Par source du droit fiscal, il faut entendre tous les textes édictant des règles ou principes applicables à la matière fiscale. Les normes qui forment le droit fiscal sont la loi, complétée par les traités et règlements, la jurisprudence et la doctrine.

---

[6] CE 5 nov. 1975,95015, RJF 1976.1.12.

[7] Voyez dans ce sens CE 16 mars 2001, 199580, SA Rexel, RFJ, 2001.6.755, BDCF 2001.6.74, Concl.Goulard, Rev. sociétés 2001.4, p.837, Note Fouquet.

Au regard de la nature de l'impôt, la place et la teneur de ces sources présentent des aspects particuliers.

Le droit d'imposer relève de la souveraineté des Etats, les sources du droit fiscal sont essentiellement nationales. Toutefois, avec le développement des relations économiques internationales et la constitution d'ensembles économiques dépassant le cadre des nations, les accords bilatéraux et les traités multilatéraux ont pris une place centrale dans la genèse et l'application du droit fiscal.

Paragraphe I. Les sources internes ou nationales

La constitution, les lois et la doctrine administrative sont les sources, au plan interne, du droit fiscal malien.

A. La constitution

La constitution est l'ensemble des règles juridiques fondamentales qui détermine la forme de l'Etat, l'organisation et le fonctionnement des pouvoirs publics, ainsi que les droits et libertés des citoyens.

La constitution malienne du 22 juillet 2023, en son article 27, énonce que : « Tout citoyen est tenu de remplir ses devoirs civiques, notamment s'acquitter de ses contributions fiscales[8] ».

Egalement, l'article 115 de la constitution précitée précise que : « sont du domaine de la loi … l'assiette, le taux et les modalités de recouvrement des impôts… ».

Il en découle une compétence exclusive conférée aux représentants du peuple. En conséquence, le pouvoir réglementaire en matière fiscale ne saurait être un pouvoir autonome, mais seulement un pouvoir d'interprétation. Le règlement n'est pas totalement exclu comme source du droit fiscal même si le principe de la légalité de l'impôt l'empiète. Le règlement est, pour l'essentiel, d'application.

---

[8] Sous la Révolution française, le terme employé pour désigner le mot « impôt » était contribution qui suggère davantage une participation du citoyen au fardeau commun de la dépense publique, Jacques Grosclaude, Philippe Marchessou, Droit fiscal général, 11ème édition, Dalloz 2018, p.2.

PREMIÈRE PARTIE.

LES TECHNIQUES ET PROCÉDURES FISCALES

Le droit fiscal est caractérisé par la multiplicité et la complexité des techniques et procédures. Les techniques et procédures désignent l'ensemble des méthodes, moyens et règles juridiques mis en œuvre par l'administration fiscale pour assurer l'établissement de l'impôt, le recouvrement et le contrôle de l'impôt et le contentieux fiscal.

Aussi, est-il utile d'exposer les notions essentielles d'abord (titre I) avant d'aborder le contrôle de l'impôt et le contentieux fiscal (titre II).

TITRE I. LES NOTIONS ESSENTIELLES

Il s'agit des principes fondamentaux, des concepts de bases et des règles clés qui permettent de comprendre le fonctionnement du droit fiscal. Ce sont les idées directrices sans lesquelles on ne peut pas comprendre le sens, la logique et la portée du droit fiscal.

L'étude des notions essentielles conduit à aborder la notion d'impôt (chapitre I), la notion de politique fiscale (chapitre II) et le système fiscal malien (chapitre III).

CHAPITRE I.

LA NOTION D'IMPÔT

La technique fiscale concerne « les moyens et les procédés mis en œuvre pour établir et percevoir l'impôt, y compris les mesures d'application du droit fiscal »[19]. L'imposition des citoyens exige que les mécanismes y afférents soient expliqués, notamment la définition de l'impôt, les personnes imposables, les opérations imposables. Aussi, seront-ils successivement présentés :

- la définition et les caractéristiques de l'impôt (section I);
- les procédés d'établissement de l'impôt (section II);
- la classification des impôts (section III).

SECTION I : LA DÉFINITION ET LES CARACTÉRISTIQUES DE L'IMPÔT

Sous cette section, seront abordées la définition et les caractéristiques de l'impôt.

Paragraphe I. La définition de l'impôt

Le CGI ne fournit aucune définition de l'impôt. Toutefois, le mot a plusieurs acceptions comme le faisait observer Jean ROMEUF dans son Dictionnaire de Sciences économiques : « De l'impôt, les définitions abondent comme si chaque auteur préférait la sienne. Finalement tout choix est arbitraire ».

Gaston JEZE considère que : « L'impôt est une prestation pécuniaire, requise des particuliers par voie d'autorité, à titre définitif et sans contrepartie, en vue de la couverture des charges publiques »[20].

De nos jours, l'impôt se définit comme un « prélèvement obligatoire et sans contrepartie, consenti librement à titre définitif et destiné à financer les charges publiques ».

---

[19] Lucien MEHL, Science et technique fiscales, Presse universitaire de France, p.1.

[20] Gaston JEZE cité par SAWADOGO F.M et DEMBELE S, Précis de droit fiscal burkinabè, op. cit. p.23.

E. Le prélèvement opéré à titre définitif

L'impôt est un prélèvement pécuniaire définitif, c'est-à-dire les ressources fiscales sont acquises à l'Etat de façon définitive. Il n'est pas remboursable et son versement n'est pas productif d'intérêt. L'impôt opère un transfert de propriété, ce qui l'oppose à l'emprunt, mais si l'on relève que ce dernier peut, dans certains cas, avoir un caractère obligatoire.

A la différence de l'emprunt, l'impôt ne doit pas être restitué au citoyen[25], en principe. Ainsi, l'impôt versé ne donne pas droit à un remboursement ultérieur au profit du contribuable.

F. Le prélèvement sans contrepartie

Le prélèvement sans contrepartie signifie qu'il n'y a pas de corrélation préalablement définie et dûment calculée entre la prestation de la personne physique ou morale contribuable et la valeur des services ou avantages que lui offrent les institutions de l'Etat.

Il faut rappeler que l'impôt n'est pas le prix d'un service rendu. Le paiement de l'impôt ne donne pas lieu à un avantage direct ou à une contrepartie. On ne peut donc pas exiger une prestation de l'Etat ou des collectivités parce qu'on s'est acquitté de son impôt. Le contribuable ne peut refuser d'acquitter son impôt au motif que le produit de cet impôt servirait à financer une dépense contraire à ses principes.

Ainsi, l'impôt doit être distingué de la taxe au sens strict et de la redevance ou rémunération pour services rendus.

On entend par taxe, un prélèvement établi en contrepartie d'un service mis à la disposition du redevable. Aujourd'hui le mot taxe désigne, par abus de langage, de véritables impôts tels que la taxe sur la valeur ajoutée (TVA), la taxe sur les contrats d'assurances, la taxe sur les activités financières.

La taxe, au sens étroit, se rapproche de l'impôt : elle est due même si le service mis à la disposition du redevable n'est pas, dans la réalité,

---

[25] L'impôt acquitté est restitué au contribuable au cas où il a été perçu en violation de la législation fiscale.

utilisé par lui-même. Si la taxe correspond à une prestation déterminée, il n'existe pas de proportionnalité entre son montant et le service rendu. Les droits d'inscription à l'université constituent une taxe puisqu'il n'y a pas d'équivalence entre le montant relativement faible du droit perçu et le coût de l'enseignement fourni.

Selon la jurisprudence, les redevances réclamées à des usagers ont pour but de couvrir les charges d'un service public déterminé ou les frais d'établissement ou d'entretien d'un ouvrage public déterminé. Les redevances doivent trouver leur contrepartie directe dans des prestations fournies par le service ou dans l'utilisation de l'ouvrage[26].

La redevance ou rémunération pour services rendus n'est due que si le service est effectivement rendu. Elle suppose une équivalence entre son montant et la valeur du service rendu. La redevance eau à l'Office du Niger et les péages sont des exemples de redevances.

Le champ d'application de la redevance est limité en droit non seulement par la règle selon laquelle elle ne doit pas être « un impôt déguisé ayant pour objet ou pour effet de faire échec à la compétence exclusive du législateur en matière fiscale, mais aussi, le cas échéant, par le jeu d'autres règles de droit public »[27].

La qualification de redevance est subordonnée à trois conditions :

- rémunérer un service actuel et non futur ;
- rémunérer un service rendu directement ou exclusivement ou essentiellement à des usagers ;
- équivaloir au coût du service.

G. La faculté contributive

L'impôt est limité dans son montant par le recours à la faculté contributive du redevable. Il n'est pas aisé de définir la faculté contributive du redevable ni d'en mesurer. Le législateur fixe une limite

---

[26] CE Ass. 21 nov. 1958, Syndicat national des transporteurs aériens, Lebon 572, D. 1959, J.475, Concl. Chardeau, note Trotabas, AJDA 1958.II.471, obs.Drago ; CC 6 oct.1976, 76-92, Rec.Cons. const.59.

[27] C.David / O. Fouquet/ B. Plagnet/ P.-F. Racine, Les grands arrêts de la jurisprudence fiscale, 5e édition, Dalloz, 2009, p.14.

globale, par la détermination de la part maximale du revenu du contribuable susceptible d'être prélevée par l'impôt sous quelque forme qu'il se présente.

SECTION II : LES PROCÉDÉS D'ETABLISSEMENT DE L'IMPÔT

Les mécanismes d'établissement de l'impôt font appel à l'assiette, à la liquidation et au recouvrement de l'impôt.

« Asseoir l'impôt, c'est en rechercher la matière imposable et en déterminer la base. Liquider l'impôt, c'est calculer son montant, rendre la dette fiscale liquide. Recouvrer l'impôt, c'est faire parvenir son montant dans les caisses du trésor public ». Cette section s'attache à aborder l'assiette, la liquidation et le recouvrement.

Paragraphe I. L'assiette

Asseoir l'impôt est une étape fondamentale du prélèvement fiscal. Cette étape conduit à la détermination des personnes imposables et de la matière imposable mais également à l'évaluation de la matière imposable pour obtenir la base d'imposition.

A. Les composantes de l'assiette

L'assiette est composée des éléments suivants : la matière imposable, les personnes imposables et le fait générateur.

I. La matière imposable

La matière imposable est un élément ou un ensemble d'éléments, ayant une valeur économique, à partir duquel est déterminée la base d'imposition au cours des opérations dites d'assiette de l'impôt. Son existence est une des conditions nécessaires de l'établissement de l'impôt.

Elle est l'indicateur de la ressource ou de l'opération économique à atteindre, à savoir le revenu ou bénéfice, la dépense ou consommation, le capital. Selon la magnifique formule de Laure AGRON, « la matière imposable est l'élément sur lequel est assis l'impôt »[28].

---

[28] AGRON L, Histoire du vocabulaire fiscal, op.cit. p.185.

II. Les personnes imposables

L'impôt consiste en un prélèvement sur le patrimoine d'une personne. Pour caractériser un impôt, il faut déterminer la matière imposable, le fait générateur et les personnes imposables.

Le Code général des impôts définit la personne imposable, qualifiée de contribuable, de redevable ou d'assujetti pour chaque impôt. Le propriétaire de l'immeuble est le redevable de l'impôt foncier. L'impôt sur le revenu est dû par celui qui réalise le revenu imposable.

Le concept de personne imposable ou de personne soumise à l'obligation fiscale comporte trois notions distinctes : celle de redevable légal ou contribuable de droit (notion juridique), celle de contribuable réel, ou effectif, ou de fait (notion économique), celle de collecteur d'impôt. Ces qualités peuvent être réunies ou pas à la même personne.

En matière de droit de la consommation, le redevable légal est le producteur ou le commerçant, le contribuable effectif est le consommateur, au moins dans une large mesure. Il peut en être de même des impôts sur la mutation ou sur le revenu.

L'impôt sur le revenu peut faire l'objet de retenue à la source. Par exemple, l'employeur qui retient l'impôt sur les traitements et salaires à la source n'est ni contribuable ni redevable mais un collecteur de l'impôt.

Il s'agit des citoyens qui sont des personnes physiques et/ou morales. Deux méthodes sont utilisées pour les identifier, à savoir :

- le recensement où l'agent de l'administration fiscale se déplace pour rechercher la matière imposable ;
- l'obligation de déclaration d'existence imposée par la législation fiscale pour la majorité des impôts.

Dans la première méthode l'initiative revient essentiellement à l'administration fiscale, dans la deuxième, elle émane du contribuable.

III. Le fait générateur

Il est la situation, l'événement ou l'acte qui crée les conditions d'existence de la dette fiscale dont il fixe le régime juridique. Il est constitué de l'écoulement d'une année d'exploitation ou de la clôture de l'exercice en ce qui concerne l'IS, l'IBIC, le franchissement de la frontière, la TVA à l'importation, la livraison de marchandises ou l'accomplissement de services pour la TVA intérieure.

Le fait générateur doit être soigneusement distingué de l'exigibilité qui est le droit pour le trésor public de réclamer, à partir d'un moment donné, le paiement de l'impôt.

Le fait générateur et l'exigibilité peuvent coïncider dans le temps, mais il n'en est pas toujours ainsi.

L'assiette de l'impôt soulève la question de l'évaluation des bases d'imposition.

Au Mali, les faits générateurs peuvent être rangés en trois catégories :

- la domiciliation ou la résidence, le fait de résider au Mali ouvre droit à la perception de certains impôts, exemple : la taxe-voirie, la TDRL ;
- la propriété ou la détention de biens corporels, la détention de certains biens constitue le fait générateur de tous les impôts forfaitaires sur le revenu au Mali, exemple : taxe sur les armes à feu, taxe sur le bétail… ;
- l'exercice d'une activité professionnelle, les revenus générés par l'exercice d'une profession sont, sous réserve de cas de dispense, soumis à l'imposition au Mali, exemple : industrie, commerce, profession libérale, artisanat, activités de salariés.

B. L'évaluation des bases d'imposition

La base d'imposition ou de taxation peut être définie comme la quantité d'éléments imposables. L'évaluation des bases d'imposition varie selon les impôts. Elle peut être constituée, à titre d'exemple :

- du bénéfice annuel, du salaire mensuel, des loyers encaissés ou convenus ;
- de tout ou partie des éléments de la fortune ;

- du chiffre d'affaires de l'année, du semestre, du trimestre ou du mois.

Deux méthodes qui sont qualifiées de régimes déclaratifs, permettent d'évaluer la base d'imposition : le régime du bénéfice réel auquel peuvent subsister d'autres méthodes.

I. Le régime du bénéfice réel

Le régime du bénéfice réel cerne concrètement les éléments économiques ou patrimoniaux du contribuable tels qu'ils existent.Il peut avoir pour effet des risques évidents d'évasion et de fraude fiscales. La confiance faite au contribuable n'est totale.

D'abord des règles impératives énoncées dans la législation fiscale différentes de celles de la comptabilité privée. Il en va ainsi notamment de la notion de bénéfice imposable, de provision, d'amortissement, de charges déductibles.

Ensuite, l'administration des impôts procède au contrôle des déclarations des contribuables, d'où l'appellation de déclaration contrôlée. A ce titre, l'administration fiscale bénéficie de nombreuses prérogatives telles que le droit de visite et de communication et de vérification.

Enfin des sanctions fiscales, consistant essentiellement dans des pénalités ou majorations en cas de retards, d'irrégularités, d'insuffisances, d'omissions ou de dissimilations, et quelques fois de sanctions pénales sont prévues en cas de délit de fraude.

Au total, il convient de relever que la déclaration et le contrôle ne s'équilibrent pas exactement à l'égard de tous les contribuables.

D'autres régimes permettant l'évaluation de la base imposable existent à côté du régime du réel.

II. Les autres régimes

Trois régimes d'évaluation peuvent être retenus, à savoir le forfait, l'évaluation administrative et l'évaluation indiciaire.

a. Le régime du forfait

Le forfait qui signifie « à prix fait » est un mode d'évaluation approximatif de la base d'imposition destiné à déterminer des valeurs moyennes, en se fondant sur les éléments composant la matière imposable. Les parties pour des raisons de commodité renoncent à une évaluation exacte.

Le forfait peut être légal, c'est-à-dire déterminé à partir de données fixées par la législation, ou individuel, collectif, c'est alors une discussion contradictoire entre le fisc et le contribuable.

b. L'évaluation administrative

L'évaluation administrative habilite le service des Impôts à procéder à l'évaluation de la matière imposable. Au Mali, on peut retenir l'exemple de la contribution des patentes pour l'établissement de la valeur locative.

Aujourd'hui, la méthode de l'évaluation administrative peut être rapprochée de la technique de la taxation d'office, surtout lorsque celle-ci intervient en l'absence de toute déclaration de la part du contribuable. L'administration fiscale va alors tenter d'arrêter une base d'imposition.

c. L'évaluation indiciaire

L'évaluation indiciaire aboutit à asseoir l'impôt sur des signes extérieurs de richesse pour atteindre une faculté contributive occulte.

La matière imposable étant abordée, il convient d'examiner la liquidation.

Paragraphe II. La liquidation

La liquidation est « l'opération qui consiste à calculer la dette fiscale du contribuable par application d'un taux ou d'un tarif à la base imposable après prise en compte, le cas échéant, de réductions ou de majorations portant sur l'impôt brut »[29].

[29] MM.BARILARI et DRAPE, Lexique fiscal, p.109.

La liquidation ou le calcul de l'impôt dû consiste à appliquer à la base d'imposition un ensemble de règles qui forment le tarif de l'impôt.

L'élément essentiel du tarif est le taux et lorsqu'il y a plusieurs taux, il est question de barème. La liquidation pose des problèmes de composants du tarif fiscal, en particulier celui des taux, et enfin celui des procédures de liquidation.

A. Les composantes du tarif fiscal

La liquidation fait appel à des éléments tels que les abattements, les exonérations, les décotes.

I. Les abattements à la base

L'abattement est « la fraction de la matière imposable qui est exemptée d'impôt. L'abattement permet de réduire de manière forfaitaire ou proportionnelle la base imposable »[30]. L'abattement est la réduction effectuée sur la matière imposable avant l'application de l'impôt. Il peut consister en une somme fixe ou un pourcentage de la matière imposable.

L'abattement est utilisé à des fins diverses : prendre en compte certains éléments de la situation personnelle du contribuable, encourager une activité, un comportement, une forme d'investissement, exonérer une somme considérée comme un minimum vital.

Dans le cadre d'un impôt proportionnel, l'introduction d'abattement a pour résultat une certaine progressivité. Dans le cadre d'un impôt progressif, l'abattement est souvent intégré dans le barème sous la forme d'une tranche imposée au taux zéro[31].

II. Les exonérations

L'exonération est « la dispense totale ou partielle d'impôt sous certaines conditions fixées par la loi pour des motifs variés, le plus souvent d'ordre économique et social »[32]. Elles conduisent à la non-

---

[30] Lexique fiscal, op. cit.

[31] Exemple, ITS.

[32] Lexique fiscal, op. cit.

imposition de certains revenus, actes ou opérations ou de certaines personnes. Divers motifs peuvent être à l'origine d'une exonération : la qualité du contribuable[33], fins de politiques économiques[34], social[35], pour éviter des cumuls d'impositions[36].

Dans un sens extensif, l'exonération désigne aussi la dispense du paiement d'une imposition.

Au sens de dispenser, une confusion ou un amalgame est quelques fois fait entre exemption et exonération. L'exemption est un concept voisin de l'exonération. L'exemption est la dispense d'une obligation fiscale. Elle dispense une personne d'une obligation, alors que dans le cas d'une exonération, c'est un revenu qui est concerné.

L'utilisation de l'expression exonération devrait être réservée aux revenus et aux opérations et celle d'exemption aux personnes. Dans les faits, les deux termes sont interchangeables. Les textes d'exonération sont d'interprétation stricte.

III. La décote

La décote est une « diminution opérée sur le montant de l'impôt sur le revenu en vue d'en réduire le poids pour les petits contribuables »[37]. Elle est un mécanisme prévu par les textes visant à alléger la charge fiscale pesant sur certains revenus, dépenses ou opérations au moyen de la réduction de la base d'imposition ou du taux.

IV. Les majorations ou minorations de l'impôt et les techniques de personnalisation de l'impôt

Les majorations et minorations d'impôts sont assises sur le montant de l'impôt liquidé. Lesdites majorations et minorations ne

---

[33] Immunité des missions diplomatiques, du corps consulaire, des organismes internationaux. Voyez dans ce sens la Loi n°2017-022 déterminant le cadre général du régime des exonérations fiscales et douanières.

[34] Exonération de la contribution des patentes au titre de la première année exercice.

[35] Exonération de contribuables disposant de revenus faibles à la TDRL, exonération de la tranche sociale de consommation d'eau et d'électricité à la TVA.

[36] Exonération de TVA des contrats d'assurance.

[37] Lexique fiscal, op.cit. p.50.

doivent être confondues avec celles résultant de l'application d'une pénalité.

Les techniques de personnalisation de l'impôt interviennent au moment de la liquidation de l'impôt et nécessitent la prise en compte des charges de famille.

B. Le taux

Le montant de l'impôt à acquitter au trésor public s'obtient généralement par l'application d'un taux à une base. Deux sortes de taux ont été utilisées par le fisc : le taux proportionnel et le taux progressif.

I. La notion de taux

Le taux, au sens strict, est « le pourcentage utilisé pour déterminer un impôt par application à une base imposable ou pour calculer une déduction »[38]. Dans un sens extensif, le taux « exprime le poids d'un ou plusieurs impôts, quel que soit leur mode de calcul par rapport à la base imposable. Ce taux peut alors exprimer la fraction globale du revenu qui est prélevé ». On parle aussi de taux effectif de l'imposition qui est le taux correspondant à l'application du barème à l'ensemble des revenus perçus, que ceux-ci soient imposables ou exonérés du fait des divers abattements ou encore exclusivement imposables à l'étranger. En pratique, en effet, l'impôt n'est calculé qu'en proportion de la part des revenus effectivement imposables compris dans la base »[39].

Le taux de recouvrement, quant à lui, désigne le « montant des recettes fiscales encaissées par les comptables publics par rapport aux prises en charge »[40]. Un taux spécifique est un taux d'imposition réservé à certains secteurs ou catégories particulières de contribuables par dérogation au taux général »[41]. Par exemple, un taux réduit de 5% frappe les matériels informatiques et les matériels de production d'énergie solaire au titre de la TVA.

---

[38] Lexique fiscal, par MM. BARILARI et DRAPE, op. cit, p.168.
[39] id.
[40] 1d., p.170.
[41] id., .

II. Les formes de taux

Le taux est soit proportionnel soit progressif.

a. Le taux proportionnel

Il s'agit du même taux constant qui s'applique à la base imposable de sorte que lorsque cette dernière s'accroît, le montant de l'impôt augmente. C'est le cas de l'IBIC et de l'IS pour lesquels il est fait actuellement application d'un taux proportionnel de 35%.

b. Le taux progressif

Le souci de justice fiscale a conduit à la mise en place de taux progressifs. Ce type de taux s'élève avec l'accroissement de la matière imposable. Il existe deux types de progressivités : la progressivité globale et progressivité par tranches.

C. Les procédures de liquidation

Les procédures de liquidation posent les questions de savoir qui liquide, c'est-à-dire qui calcule l'impôt et à partir de quels éléments doit-on liquider. La liquidation est faite par l'administration fiscale, par le contribuable ou le redevable ou encore par un tiers.

I. La liquidation par l'administration fiscale

Dans plusieurs cas, c'est à l'administration fiscale qu'incombe le calcul de l'impôt. L'administration fiscale le fait notamment :

- sur la base d'une déclaration du contribuable ou d'éléments fournis par le contribuable. Exemple: l'IBIC, l'IS ;
- d'office sur les informations qu'elle recueille[42] ;
- à la suite de sa propre évaluation lorsque celle-ci lui incombe.

[42] Recoupement avec d'autres déclarations, informations obtenues par l'exercice du droit de communication, surtout lorsque le contribuable s'abstient de faire une déclaration à laquelle il est pourtant astreint

II. La liquidation par le contribuable ou le redevable

Cette méthode concerne, entre autres, la TVA, la TAF, la TCA et les autres taxes indirectes. Le Service des Impôts se limite au contrôle des calculs faits par le contribuable ou le redevable.

III La liquidation par un tiers

Le contribuable n'intervient pas dans les opérations d'assiette, de liquidation ou de recouvrement d'impôt. Exemple, pour l'ITS toutes les opérations sont effectuées par l'employeur pour le compte de l'employé. Pour l'IRVM, le LPF énonce que ce sont les sociétés et les banques qui liquident l'impôt frappant les sommes qu'elles ont distribuées ou intérêts qu'elles ont servis.

Paragraphe III. Le recouvrement

Le recouvrement de l'impôt est « l'ensemble de ces actes juridiques et des opérations matérielles visant à obtenir le paiement de l'imposition, une fois celle-ci établie, c'est-à-dire assise et liquidée »[43].

Le recouvrement de l'impôt est confié à l'administration fiscale. Il pose la question du paiement de l'impôt et celle des procédures et délais de paiement.

A. Les procédures et délais de recouvrement

Le paiement de l'impôt peut être soit le fait du contribuable lui-même, soit d'un tiers. Lorsque le paiement de l'impôt est le fait du contribuable lui-même, il peut être soit ordonné, soit spontané. Dans le paiement ordonné, le contribuable reçoit un avis d'imposition qui lui indique le montant de l'impôt dû et les délais de paiement. Il en est ainsi toutes les fois que l'impôt est perçu par voie de rôle ou lorsque le contribuable a négligé d'effectuer un paiement spontané.

Il y a paiement spontané lorsque l'impôt est dû dès qu'il est liquidé. Il en est ainsi en matière de TVA ou d'IBIC/IS. Il en va des

---

[43] G. GEST, Le recouvrement de l'impôt, Encyclopédie de Finances publiques, p.1278, cité par AGRON Laure, Histoire du vocabulaire fiscal, op cit., p.211.

droits de timbre où le contribuable procède au paiement avant l'utilisation du timbre.

Le paiement de l'impôt peut être effectué par un tiers. On parle couramment de tiers-payeur ou de retenue à la source. Cette procédure de paiement est applicable en matière d'impôts sur le revenu. Dans ce système, le prélèvement de l'impôt est effectué directement par la partie versante (employeur, banquier, locataire) sur le montant du salaire, du revenu mobilier ou du loyer payé. Les sommes retenues sont ensuite versées à l'administration fiscale. La procédure du prélèvement à la source simplifie la tâche du fisc, améliore la trésorerie publique, permet d'éviter la fraude.

Le contribuable n'est tenu à aucun délai lorsque le paiement est spontané. La loi offre au contribuable la possibilité d'un paiement anticipé s'agissant des droits de timbre. Dans certains cas, le CGI rend obligatoire le paiement d'acompte. Il en est ainsi pour l'IBIC/IS et l'IRVM.

B. Le recouvrement forcé

Le principe en la matière est le paiement volontaire. A défaut, l'administration peut exercer des prérogatives dont elle bénéficie qui s'exercent sans coercition puisque le fisc recherche d'abord la collaboration libre du contribuable.

L'administration fiscale n'utilise la force que si le contribuable viole la législation fiscale. Il convient de distinguer le recouvrement forcé :

- des impôts directs et des impôts indirects ;
- des droits d'enregistrement et de timbre.

I. Le recouvrement forcé des impôts directs et indirects

Le service des impôts, bien que bénéficiant de prérogatives importantes, doit se soumettre à certaines règles pour procéder au recouvrement forcé de l'impôt. Plusieurs étapes ponctuent un tel recouvrement.

Après la notification ou avertissement, le fisc procède à la sommation sans frais ou lettre de rappel. Celle-ci constitue un deuxième avertissement au domicile du contribuable ; cet avertissement joue le rôle de mise en demeure préalable aux poursuites.

Le contribuable a douze jours au moins avant le début des poursuites. S'il n'y a pas de paiement après cette date, l'administration émet une contrainte, titre exécutoire qui comporte commandement de payer, conformément aux dispositions du LPF.

Le recouvrement forcé des impôts directs est exercé par des agents assermentés mandatés par le ministre chargé des finances et remplissant les fonctions d'huissier.

Le contribuable a alors deux possibilités : soit acquitter l'impôt, les éventuelles majorations ou amendes de retard plus les frais de poursuites, soit faire devant le tribunal administratif une opposition fondée sur l'irrégularité de l'acte ou la non exigibilité de la somme déclarée.

Le fisc ne peut effectuer de saisie et procéder aux ventes qu'en vertu d'une autorisation spéciale du ministre chargé des finances après un avis préalable émanant du Directeur général du Trésor et de la Comptabilité publique et du Directeur général des Impôts.

Le fisc bénéficie d'un privilège préférable à tout autre. Ce privilège porte sur les meubles et effets mobiliers du débiteur de l'impôt pendant une période de deux ans, à compter de la date de la mise en recouvrement de la fiche d'imposition. Le fisc a la faculté de poursuivre également les représentants ou ayants cause du contribuable et le cessionnaire de l'entreprise.

Les dépositaires, fermiers, économes, locataires, tous les débiteurs du contribuable, sont tenus de payer leur dette directement entre les mains du fisc sur simple demande.

Le fisc est autorisé à prendre les mesures conservatoires suivantes : saisie arrêt sur le compte bancaire ou postal, suspension de tout paiement en vertu des créances détenues sur l'Etat, fermeture administrative.

Le LPF prévoit la règle de la non compensation, c'est-à-dire que les contribuables ne peuvent se prévaloir de leur qualité de créanciers de l'Etat pour ne pas acquitter leurs obligations fiscales ou pour en différer le paiement.

Des sanctions fiscales peuvent être prononcées par les juridictions compétentes, notamment à l'encontre de ceux :

- qui organisent ou tentent d'organiser un refus collectif de l'impôt ;
- qui se sont soustraits ou qui ont tenté de se soustraire frauduleusement à l'impôt.

II. Le recouvrement forcé des droits d'enregistrement et de timbre

Le siège de la matière est dans la législation fiscale[44]. Le défaut de paiement des droits d'enregistrement dus fait l'objet d'un titre de perception, individuel ou collectif, visé et rendu exécutoire par le Receveur des impôts. La notification est effectuée par lettre recommandée avec avis de réception ; elle a lieu par extrait s'il s'agit d'un avis collectif.

Les poursuites précédant l'envoi du titre de perception peuvent être engagées quinze jours après la notification de ce titre, à défaut de paiement ou de réclamation assortie d'une demande de sursis de paiement avec constitution de garanties.

Le recouvrement forcé des droits de timbre et des amendes de contraventions y afférentes est poursuivi par voie de titre de perception. En cas d'opposition, les réclamations sont instruites et jugées selon les formes énoncées au LPF[45]. Après avoir exposé les procédés d'établissement de l'impôt, il convient maintenant d'aborder la classification des impôts.

---

[44] Voyez dans ce sens l'article 455 du LPF.
[45] Les articles 681 à 683 du LPF.

SECTION III. LA CLASSIFICATION DES IMPÔTS

Plusieurs classifications peuvent être retenues, notamment les classifications générales, les classifications juridiques, les classifications économiques.

Paragraphe I. Les classifications générales

Elles se présentent ci-après :

A. L'impôt unique et les impôts multiples

Le fait de concevoir un seul impôt qui couvrirait l'ensemble des dépenses de l'Etat peut être envisagée. Cet impôt peut être assis, soit sur le revenu, soit sur le capital, soit sur la dépense. Ce type d'impôt aurait l'avantage de la simplicité et d'une plus grande prévisibilité.

B. L'impôt de quotité et l'impôt de répartition

L'impôt est dit de répartition lorsque la loi fixe à l'avance le rendement total de l'impôt pour tout le pays.

De nos jours, c'est seulement les impôts de quotité qui sont dans les législations fiscales. Avec les impôts de quotité, c'est le taux qui est fixé à l'avance et non le produit.

C. Les impôts réels et les impôts personnels

Les impôts réels sont ceux qui frappent des biens, des actes, des opérations ou encore des éléments déterminés du patrimoine, de l'activité ou de l'exploitation. Les impôts personnels sont ceux qui prennent en compte la matière imposable mais aussi de la situation de celui qui supporte la charge de l'impôt, surtout de ses charges de famille. Les impôts personnels scrutent une justice fiscale en voulant proportionner l'impôt aux aptitudes contributives du contribuable.

D. Les impôts d'Etat et les impôts locaux

Cette classification tient compte de la destination du produit de l'impôt, à savoir si le produit alimente le budget d'Etat ou celui des collectivités territoriales.

Les principaux impôts locaux au Mali sont la contribution des patentes et licences, la taxe foncière, la taxe de développement régional et local, l'impôt sur les traitements et salaires des personnes payées sur le budget des collectivités locales, la taxe sur les cycles à moteur, la taxe sur les bicyclettes.

E. Les impôts spécifiques et les impôts ad valorem

Les impôts dits spécifiques sont calculés en multipliant un poids, un volume, une surface de matière imposable par une somme donnée. Il existe peu d'impôts de ce genre, on peut retenir, à titre d'exemple, les droits d'accises sur les alcools, les lingots d'or, les tabacs.

Les impôts ad valorem sont calculés par application d'un tarif à la base imposable. Ce procédé est le plus communément utilisé.

F. Les impôts analytiques et les impôts synthétiques

L'impôt analytique est un impôt assis sur les éléments d'un patrimoine ou sur une opération isolée ou sur une catégorie unique du revenu appelé cédule.

L'impôt synthétique consiste à appréhender un ensemble d'opérations ou de revenus et à taxer l'ensemble en une seule fois.

Paragraphe II. Les classifications juridiques

Il s'agit des classifications qui ont une portée essentiellement juridique ou qui dérivent des textes.

A. Les impôts directs et les impôts indirects

« La distinction de l'impôt direct et de l'impôt indirect est la division majeure du droit fiscal », selon Martinez.

I. Les impôts directs

Le CGI classe dans cette catégorie beaucoup d'impôts. Ces impôts correspondent à une situation stable, leur fait générateur et l'exigibilité interviennent à date fixe, portent sur le revenu ou le capital.

II. Les impôts indirects

Les impôts indirects sont dus à l'occasion de l'utilisation du capital ou du revenu. Aussi, sont-ils appelés impôts sur la dépense ou la consommation. Le contribuable qui supporte réellement le poids de l'impôt indirect ne ressent pas directement son effet. A l'inverse des impôts directs, les impôts indirects qui sont inclus dans le coût des biens et services sont prélevés pour le compte de l'Etat par les fournisseurs de biens et/ou services, à charge pour ces derniers de les verser au trésor public.

B. L'impôt, la taxe et la redevance

A côté de l'impôt, il existe d'autres prélèvements, à savoir : la taxe et la redevance.

I. La taxe

La taxe est un prélèvement obligatoire. Elle est la contrepartie monétaire du coût d'un service rendu par une personne publique sans équivalence entre son montant et le prix réel de la prestation. La taxe d'enlèvement des ordures ménagères en est un exemple. De même, les droits d'inscription dans les universités constituent une taxe : il n'y a pas d'équivalence entre le montant relativement modeste des droits d'inscription perçus et le prix de l'enseignement dispensé. Elle se distingue de la redevance où la contrepartie est directe et équivalente au service rendu et de l'impôt qui couvre sans affectation particulière et sans contrepartie directe l'ensemble des dépenses publiques.

Les termes impôt et taxe sont, dans la pratique, utilisés de façon indifférenciée dans taxe sur la valeur ajoutée (TVA).

II. La redevance

La redevance, ou encore appelée « rémunérations pour service rendu », désigne la taxe due en contrepartie de l'utilisation d'un service public. La notion de redevance est dégagée par la jurisprudence du Conseil d'Etat[46] en France. Elle couvre « l'ensemble des sommes

---

[46] Voyez CE, Ass., 21 nov.1958, Syndicat national des transporteurs aériens, Rec, p.572 et déc. n°76-92 L., 6 oct. 1976. COLLET M., Droit fiscal, PUF, 2007, p.47.

d'argent demandées aux usagers d'un service public, en échange d'une prestation délivrée par ce service ou pour l'utilisation d'un ouvrage public, dès lors que ces sommes sont la contrepartie directe du service, et qu'elles ont vocation à seulement couvrir les charges causées à l'administration par ledit service »[47]. La redevance est facultative, puisque seuls les usagers du service la payent.

La qualification de redevance est subordonnée aux conditions suivantes :

- rémunérer un service actuel ;
- rémunérer un service rendu directement et exclusivement ou essentiellement à des usagers ;
- équivaloir au coût du service, à tout le moins à ne pas l'excéder manifestement.

L'autorité administrative, à qui la gestion du service public est confiée, est libre d'instituer unilatéralement une redevance, « pour couvrir tout ou partie du coût du service et d'en préciser le tarif comme les modalités de recouvrement »[48]. L'acte qui crée une redevance doit respecter l'ensemble des principes généraux du droit.

Paragraphe III. La classification économique

Cette classification porte sur les impôts sur le capital ou la fortune, les impôts sur le revenu, les impôts sur la dépense ou la consommation.

A. Les impôts sur le capital ou sur la fortune

Sont considérés comme des impôts sur le capital au sens strict ceux qui portent sur le patrimoine considéré comme l'ensemble des actifs d'un contribuable après déduction du passif. Dans un sens large, sont assimilés aux impôts sur le capital ceux qui, à travers le patrimoine, cherchent à appréhender le revenu[49].

---

[47] COLLET M., Droit fiscal, op. cit., p.47.
[48] Collet M., op. cit, p.48.
[49] AGRON L, Histoire du vocabulaire fiscal, op. cit. p.399.

Le capital, au sens économique du terme, peut être défini comme l'ensemble des sommes investies durablement, les biens d'équipement ou de production. A ceux-là, il convient d'ajouter les biens composant la fortune même s'ils sont oisifs ou inexploités.

« L'imposition du capital est peu conseillée, voire déconseillée, dans la mesure où elle peut faire disparaître la matière imposable. Celle-ci rapidement peut tendre vers zéro, ce qui rend l'impôt dérisoire ». Ainsi, l'adage « l'impôt détruit l'impôt » pourrait trouver à s'appliquer. L'imposition sur le capital est limitée à certaines situations[50].

B. Les impôts sur le revenu

Le CGI ne définit pas le revenu. Pierre Beltrame fait savoir qu'aucune législation ne définit le revenu[51]. Le revenu peut être défini comme tout enrichissement du contribuable au cours d'une période donnée.

« On peut considérer le revenu au sens large comme des fruits ou des produits du capital, y compris le travail. On parle de bénéfice lorsque le revenu résulte de l'exploitation d'une entreprise »[52].

Le Mali utilise une approche de taxation cédulaire des revenus alors que certains pays appliquent une taxation globale.

C. Les impôts sur la dépense ou la consommation

Les impôts sur la dépense ou la consommation sont implantés dans presque tous les pays. La consommation est une grande assiette fiscale. La taxe à la consommation vise à financer les services de l'Etat via le flux de consommation. Plusieurs modes de taxe à la consommation existent. En plus de la TVA, les droits de douane et les droits d'accise sont des façons d'assujettir la consommation à l'imposition.

---

[50] L'imposition de la propriété immobilière, les droits de succession sont des exemples d'impôts sur le capital.
[51] AGRON L, Histoire du vocabulaire fiscal, op. cit. p.401.
[52] SAWADODO F. M.et DEMBELE S, op. cit.p.78.

CHAPITRE II.

LA POLITIQUE FISCALE

La politique fiscale d'un Etat consiste à choisir le mode de financement adéquat pour assurer la réalisation de ses obligations (santé, sécurité publique, éducation, emplois, etc.) ainsi que pour concilier ses différents objectifs financiers, économiques et sociaux. Elle a trois fonctions :

- constituer les recettes de l'Etat ;
- être un outil de redistribution ;
- être un outil de politique économique et sociale.

La politique fiscale soulève la question des méthodes d'évaluation du système d'imposition. Quelques notions essentielles y sont intimement liées.

Aussi, seront-ils effleurés les objectifs de la fiscalité (section I), les méthodes d'évaluation du système d'imposition (section II) ainsi que les notions essentielles qui y sont liées (section III), les acteurs de la politique fiscale (section IV) et les marges de manœuvre du gouvernement (V).

SECTION I. LES OBJECTIFS DE LA FISCALITÉ

L'impôt joue traditionnellement trois rôles : un rôle financier, un rôle économique et un rôle social. La politique fiscale d'un Etat consiste à choisir le mode de financement adéquat pour assurer la réalisation de ses obligations ainsi que pour concilier ses différents objectifs financiers, économiques et sociaux.

Paragraphe I. Le rôle financier de l'impôt : outil de financement des dépenses publiques

Le but premier des régimes d'imposition est de recueillir des recettes servant à financer les dépenses publiques. René Stourm met l'accent sur l'objectif exclusivement financier de l'impôt : couverture des charges publiques. A ce titre, « l'impôt doit être exclusivement le pourvoyeur du Trésor »[53]. Ainsi, l'objectif premier de la majorité des régimes d'imposition est de recueillir des recettes servant à financer les dépenses publiques. Impôt et trésor public sont indissociables. Les impôts perçus permettent l'existence et le financement des différents programmes et projets sociaux, comme la santé, l'éducation, dont bénéficie l'ensemble de la société.

L'impôt fournit une part essentielle des ressources budgétaires et il lui revient de financer les dépenses de fonctionnement.

Paragraphe II. Le rôle économique de l'impôt : stimuler la croissance

Le système d'imposition peut aussi servir les décideurs politiques dans leurs interventions économiques de différentes façons. En effet, le rôle exercé par l'impôt dans le domaine économique peut être direct (détaxation, surtaxation) ou indirect (utilisation des dépenses publiques). L'impôt fournit les moyens financiers nécessaires à la création des entreprises publiques et parapubliques dans le pays.

A travers les mesures d'allègements fiscaux multiformes, l'Etat stimule, par exemple, les investissements[54], et de manière générale, le développement. Ces allègements fiscaux sont établis au profit des contribuables. Luc GODBOUT rappelle à juste titre les propos de Steinmo à ce sujet. Ce dernier souligne que les économistes se sont rapidement rendus compte que le système fiscal pourrait être utilisé pour fournir des motivations à un grand nombre d'activités économiques[55].

L'impôt joue un rôle général de régulation dans les périodes de crise.

---

[53] Dès lors, il a été admis que l'impôt pouvait être utilisé pour atteindre des objectifs économiques et sociaux.

[54] Dans ce sens, plusieurs mesures dérogatoires au CGI ont été adoptées à travers notamment le Code des investissements, le Code minier, la Loi sur l'organisation de la recherche, à l'exploitation, au transport et au raffinage des hydrocarbures, la loi régissant la promotion immobilière.

[55] GODBOUT L, L'intervention gouvernementale par la politique fiscale, Le rôle des dépenses fiscales, Etude comparée : Canada, Etats-Unis, France, Economica, 2006, p.11.

Paragraphe III. Le rôle social de l'impôt : réduire les écarts sociaux et économiques entre les individus

La politique fiscale malienne effectue peu ou pas une répartition équitable du fardeau fiscal entre les contribuables quels que soient leurs statuts surtout si l'on sait que certains secteurs d'activités sont sous fiscalisés voire non fiscalisés.

Un régime de taxation doit être non seulement équitable, mais doit également être perçu comme tel par les contribuables. Un groupe de contribuables ne doit pas avoir l'impression qu'un autre groupe évite l'impôt ou encore ne paie pas sa juste part du fardeau fiscal.

On peut analyser l'équité d'un impôt sous deux angles :

- première forme d'équité :

On dit qu'il y a équité verticale lorsque l'impôt reflète la capacité de contribuer des personnes qui lui sont assujetties. Cela implique une progressivité de l'impôt pour des raisons sociales et politiques. Dans ce cas, l'impôt est utilisé comme un instrument de réduction des inégalités dans la distribution des revenus. La progressivité des taux de l'impôt sur les traitements et salaires et la personnalisation dudit impôt en sont des illustrations au Mali ;

- deuxième forme d'équité :

On dit qu'il y a équité horizontale lorsque l'impôt payé coïncide avec les bénéfices reçus de l'Etat par le contribuable ou lorsqu'on impose également deux individus ayant une capacité contributive identique.

Donc l'impôt sur les revenus salariaux (l'impôt sur les traitements et salaires) peut être considéré comme équitable en termes d'équité verticale puisqu'il offre une table progressive afin de refléter la capacité de payer et du sacrifice équivalent.

En termes d'équité horizontale, deux contribuables gagnant chacun 100.000 F, l'un célibataire et l'autre ayant un conjoint à charge ne payent pas le même impôt puisqu'ils n'ont pas la même capacité contributive.

Les impôts indirects ou impôts sur la dépense constituent une entrave pour la réalisation de la justice sociale. Les exonérations et la multiplicité des taux permettent, cependant, de réduire le caractère injuste des impôts sur la dépense.

SECTION II. LES MÉTHODES D'ÉVALUATION DU SYSTÈME D'IMPOSITION

La question est celle de savoir comment on évalue le régime d'imposition. Elle peut être faite selon une série d'objectifs visés par le régime d'imposition ou une mesure spécifique.

Paragraphe I. Les principes de la politique fiscale

L'équité, la simplicité, la neutralité, la diversité, la périodicité et la compétitivité sont les objectifs visés par le système d'imposition lors de son élaboration et de son adoption.

A. L'équité

Un système d'imposition doit effectuer une répartition équitable du fardeau fiscal entre les contribuables, quels que soient leurs statuts. L'équité d'un impôt peut être analysée sous deux angles.

Il y a équité verticale lorsque l'impôt reflète la capacité de payer des personnes qui lui sont assujetties. Cela implique une progressivité de l'impôt pour des raisons sociales et politiques. Dans ce cas l'impôt est utilisé comme un instrument de réduction des inégalités dans la distribution des revenus.

Dans les faits, cela signifie que tous les contribuables n'ont pas à payer la même proportion de leur revenu en impôt afin de subir à la marge un sacrifice équivalent. Ainsi, même si chacun payait 20% de ses revenus en impôt, le sacrifice serait sans l'ombre d'un doute plus élevé pour un contribuable qui gagne 20.000 F que pour un contribuable qui gagne 100.000 F.

On parle d'équité horizontale lorsque l'on impose deux contribuables ayant une capacité contributive identique.

B. La simplicité

Pour être efficace, un système d'imposition doit être le plus simple possible. La simplicité d'un impôt facilite tant son application par l'Etat que son observation par le contribuable.

La facilité d'observation par les contribuables réduit le temps improductif qu'ils consacrent à se conformer aux diverses règles du système d'imposition. L'Etat bénéficie également d'une plus grande simplicité du système de taxation par la réduction des coûts consacré à sa gestion.

C. La neutralité

Objectif difficile à atteindre puisqu'un système d'imposition est difficilement neutre puisqu'il modifie la distribution des revenus entre les citoyens et constitue pour les autorités politiques un instrument d'intervention.

Un outil de taxation ne devrait pas créer de distorsion financière dans le choix d'allocation des ressources par les contribuables afin de ne pas fausser leurs décisions économiques.

L'allocation des ressources doit être faite en fonction de facteurs économiques et financiers plutôt que pour des raisons strictement fiscales.

D. La stabilité et la prévisibilité

La stabilité et la prévisibilité d'un régime d'imposition constituent la pierre angulaire d'une bonne politique fiscale. Du côté de l'Etat, un système de taxation doit pouvoir produire un revenu stable au fil des ans. La stabilité permet d'assurer à l'Etat une continuité dans l'adéquation des revenus et des dépenses.

La stabilité permet aussi la sécurité essentielle de la planification financière nécessaire aux opérations économiques. Les règles fiscales doivent être clairement connues, appliquées et établies de manière constante dans le temps.

E. La diversité et l'équilibre

Il est peu recommandé que les recettes de l'Etat dépendent d'une source unique de revenu ou d'un nombre restreint de contribuables. Les sources de recettes fiscales doivent être diversifiées afin de maintenir un certain équilibre lors des fluctuations pouvant survenir dans certains secteurs de l'activité économique.

F. La périodicité et la compétitivité

Le moment de la perception des impôts doit prendre en compte le moment et la fréquence des entrées de fonds du contribuable, comme c'est le cas avec les traitements et salaires à travers les retenues à la source opérées au titre de l'ITS.

L'institution d'un impôt ne devrait pas affecter de façon prononcée la compétitivité internationale de l'Etat. Un impôt doit nuire le moins possible aux entreprises situées dans le pays afin de maintenir leur capacité à affronter la concurrence intérieure et internationale, et ainsi continuer à procurer des recettes à l'Etat.

Paragraphe II. L'utilisation de la politique fiscale

Plusieurs choix s'offrent au législateur lorsqu'il veut adopter une mesure fiscale. La mesure retenue peut être d'application générale ou ciblée, temporaire, remboursable ou non. Peuvent également être retenus un congé fiscal ou un régime de stabilité.

A. Les mesures fiscales d'application générale

Ce sont des mesures pour lesquelles le bénéficiaire n'a pas à observer des exigences déterminées. A titre d'illustration, on peut noter l'amortissement accéléré et l'amortissement dégressif. Ces mesures fiscales ambitionnent de privilégier l'investissement sans égard au secteur d'activité. L'acquisition d'un équipement par le contribuable donne droit à un amortissement accéléré sans considération de la nature de l'activité ou du lieu d'implantation de l'entreprise.

B. Les mesures fiscales d'application ciblées

Les mesures fiscales d'application ciblées sont celles liées dans leur admissibilité à des exigences précises. L'avantage fiscal est subordonné à la réalisation d'une dépense dans un secteur d'activité précis. Les contribuables bénéficiaires ont l'obligation de respecter les exigences visant la nature de l'activité. Il en est ainsi des mesures visant le secteur de l'énergie solaire.

C. Les mesures fiscales limitées dans le temps

Ces mesures sont limitées dans le temps pour être acceptées. Elles visent une aide ponctuelle. Les mesures fiscales limitées dans le temps ont l'avantage de permettre au gouvernement de les revoir et d'évaluer la réalisation des objectifs de politique de ces mesures fiscales avant leur éventuel renouvellement.

Certains auteurs sont favorables à un horizon temporel quant à l'octroi d'avantages fiscaux. Ils estiment qu'il est utile de donner aux mesures fiscales préférentielles des dates d'expiration afin de les quantifier de la même façon que les dépenses directes lors de la procédure budgétaire.

D. Les congés fiscaux

La notion de congé fiscal offre la possibilité à une entreprise d'entamer ses activités sans impôt applicable. L'objectif recherché est d'aider les entreprises au début de leurs activités. Les congés fiscaux sont surtout accordés aux entreprises naissantes. Le Code des investissements offre des congés fiscaux en cas d'activité nouvelle. Les entreprises agréées bénéficient, entre autres, de réduction du taux de l'impôt sur le bénéfice, de l'exonération de l'impôt minimum forfaitaire pour tout exercice déficitaire et de l'exonération de la retenue faite au titre de l'IBIC et de la retenue TVA sur toutes prestations d'assistance technique et de consultance pendant la durée de la phase d'investissement du programme.

E. Le régime de stabilité

Le régime de stabilité fiscale signifie que le gouvernement garantit à une entreprise donnée que le système fiscal applicable ne sera pas modifié à la hausse pour une durée de temps déterminée. Toutefois, les modifications fiscales réduisant le fardeau fiscal peuvent être applicables à l'entreprise. Cela assure à l'entreprise que la fiscalité en place au moment où elle prend la décision d'investir ne sera pas modifiée à la hausse pendant ou après la réalisation de l'investissement.

Au Mali, les entreprises évoluant dans le secteur minier bénéficient de la stabilité du régime fiscal pour une durée déterminée.

SECTION III. QUELQUES NOTIONS LIÉES À LA POLITIQUE FISCALE

Maintes notions sont liées à la politique fiscale. Nous pouvons relever la pression fiscale et l'effort fiscal, la structure fiscale, la fraude et l'évasion fiscales ainsi que d'autres vocabulaires.

Paragraphe I. La pression fiscale et l'effort fiscal

Il existe entre ces deux notions des éléments de similitudes mais aussi des points de différence.

A. La pression fiscale

« La pression fiscale ou rendement fiscal ou encore coefficient fiscal, est le pourcentage que représente le prélèvement fiscal plus éventuellement les cotisations sociales par rapport aux ressources économiques de la nation [56]».

B. L'effort fiscal

L'effort fiscal est la mesure de l'effort fourni par le contribuable pour faire face à la pression ou la charge fiscale.

Paragraphe II. La structure fiscale

La structure fiscale est une notion qualitative multiforme et est relative :

- au nombre des impositions ;
- à la nature des impositions, si elles sont globales ou cédulaires, spécifiques ;
- au pourcentage des impôts directs par rapport aux impôts indirects ;
- au pourcentage des impôts sur le revenu, sur le capital, sur la dépense.

---

[56] SAWADODO F.M. et DEMBELE S. op cit. p.91.

Ces éléments ci-dessus évoqués sont d'une importance capitale pour apprécier un système fiscal donné et comparer les systèmes fiscaux entre eux.

Paragraphe III. La fraude et l'évasion fiscales

Ces deux notions peuvent être confondues. Aussi, est-il utile de les présenter sommairement.

A. La fraude fiscale

La fraude fiscale relève d'un acte purement individuel et dont l'objet est pour la personne qui la pratique d'échapper, totalement ou partiellement, à l'impôt qui lui est demandé. La fraude est « un acte de mauvaise foi accompli en contrevenant à la loi et aux règlements et nuisant aux droits d'autrui »[57]. La fraude fiscale est « un délit »[58] qui implique un comportement actif ou passif en violation de la législation fiscale.

Les acteurs de la fraude fiscale sont nombreux même si, a priori, tout contribuable peut être amené à frauder. Il peut s'agir, d'abord, des commerçants et des industriels, surtout si l'on sait que la majeure partie des petits entrepreneurs échappe à une partie de l'impôt en se réfugiant dans le secteur informel. Il peut s'agir également des détenteurs de revenus fonciers. Il peut s'agir, enfin, des professions libérales en raison du caractère intellectuel de leurs activités, elles sont parfois sources de fraude.

B. L'évasion fiscale

« L'évasion fiscale est, lato sensu, l'utilisation par le contribuable des possibilités qui lui sont faites par la loi ou par son absence, son imprécision ou ses lacunes pour minimiser son impôt ou pour échapper à toute charge fiscale ».

---

[57] Agron L., Histoire du vocabulaire fiscal, LGDJ, 2000, p.26.

[58] Pour qu'il y ait délit, il faut la réunion d'un élément matériel et d'un élément intentionnel.

C. Les mesures de lutte contre la fraude et l'évasion fiscales

Le Mali a pris la mesure de la fraude fiscale. Le résultat fiscal des personnes étrangères passibles de l'impôt sur les sociétés réalisé au Mali est réputé désormais distribué au titre de chaque exercice à des associés n'ayant pas leur domicile fiscal ou leur siège au Mali[59].

Les dispositions du CGI prescrivent que les personnes n'ayant pas au Mali une installation professionnelle permanente sont assujetties, sous réserve de l'application de convention de non double imposition, à une retenue à la source sur les sommes ou revenus qu'elles versent en rémunération d'une activité économique[60] .

Lorsqu'un redevable de la TVA est établi ou domicilié hors du Mali, il a l'obligation de faire accréditer au Mali auprès du service chargé du recouvrement de la TVA un représentant domicilié qui s'engage à remplir les formalités incombant à ce redevable et à acquitter la TVA à sa place[61]. Lorsqu'une entreprise est autorisée à exercer une activité au Mali sans y avoir son siège social, la quote-part des frais de siège social incombant aux entreprises établies au Mali ne peut excéder 20% des frais généraux desdites entreprises[62].

L'article 81 du CGI dispose, « pour l'établissement de l'impôt sur les sociétés dû par les entreprises qui sont sous la dépendance ou qui possèdent le contrôle d'entreprises situées hors du Mali, les bénéfices indirectement transférés à ces dernières soit par majoration ou diminution des prix d'achat ou de vente, soit par sous-capitalisation, soit par tout autre moyen, sont incorporés aux résultats accusés par les comptabilités. Il est procédé de même à l'égard des entreprises qui sont sous la dépendance d'une entreprise ou d'un groupe possédant également le contrôle d'entreprises situées hors du Mali ».

Les dispositions du LPF qui, aux fins de contrôle fiscal des prix des transactions entre entreprises liées, établissent une obligation de documentation et offrent au contribuable l'opportunité de conclure avec l'administration fiscale un accord préalable de prix. L'institution d'un

---

[59] Article 27 du CGI.
[60] Article 94 du CGI.
[61] Article 197 du CGI.
[62] Article 80 du CGI.

système sécurisé de facture normalisée. Les transactions entre opérateurs économiques et entre ceux-ci et leurs clients sont normalement retracées par un mécanisme de facturation numérisée. Actuellement, ce mécanisme n'existe pas et cette carence est de source fraude fiscale. Afin de lutter contre la fraude fiscale, en général, et la fraude en matière de la TVA, en particulier, l'institution d'un système sécurisé de factures normalisées est envisagée. Les mesures d'administration fiscale qui portent sur l'interconnexion du système d'information à des administrations non fiscales, sur le renforcement des capacités de l'administration fiscale[63] sont en cours d'adoption. Il en est de même du renforcement des missions et des moyens des brigades mixtes de contrôle Impôts-Douane. Il convient de noter utilement la mise en place de mécanismes de contrôle fiscal basés sur l'analyse risque et l'adoption de Code d'éthique et de déontologie au sein de l'administration fiscale.

SECTION IV. LES ACTEURS DE LA POLITIQUE FISCALE

Les acteurs de la politique fiscale sont regroupés en deux catégories : les acteurs officiels et les acteurs officieux. Les acteurs officiels sont les responsables de l'élaboration de la politique fiscale. Pour l'essentiel, il s'agit du gouvernement, l'Assemblée nationale, les institutions internationales[64]. Au sein du gouvernement, le Premier ministre, Chef du gouvernement, est le principal acteur de la politique fiscale ; il est secondé par le ministre chargé des finances.

Quant aux acteurs non officiels, ils sont constitués par les organisations de la société civile, les syndicats, les organisations professionnelles des opérateurs économiques mais également les électeurs.

SECTION V. LES MARGES DE MANŒUVRE DU GOUVERNEMENT

L'essentiel des éléments qui influencent la politique fiscale est concédé à l'UEMOA et dans un passé récent à la CEDEAO. Les Etats membres de l'UEMOA ont confié une large partie des éléments

[63] Formation, dotation en ressources humaines en qualité et en quantité.
[64] Au nombre des institutions internationales, on peut citer le Fonds monétaire international (FMI), la Banque mondiale (BM), l'UEMOA.

déterminant leur politique fiscale à l'UEMOA. Ainsi, l'UEMOA a harmonisé la fiscalité indirecte, la fiscalité directe au sein des Etats membres et institué un programme de transition fiscale.

Aussi, la marge de manœuvre des Etats en matière de politique fiscale se borne-t-elle aux impôts et taxes sur salaires, aux impôts indirects sur les activités bancaires et/ou financières et aux mesures d'administration pour l'ensemble des impôts.

CHAPITRE III.

LE SYSTÈME FISCAL MALIEN

Dans le langage courant, le système fiscal désigne l'ensemble des impôts, droits et taxes institués par un Etat. Mais dans un sens large, la notion de système fiscal peut désigner en plus du corps des données normatives « de la dimension économique, le contexte institutionnel, notamment administratif et les aspects psychologiques »[65].

Le système fiscal malien revêt les caractéristiques des systèmes fiscaux des pays en développement [66]. L'étude du système fiscal malien sera abordée en examinant les éléments suivants : le civisme fiscal (section I), l'administration fiscale (section II) et les perspectives (section III).

SECTION I. LE CIVISME FISCAL

Le civisme fiscal, un levier majeur de mobilisation de ressources fiscales, est la volonté des citoyens de s'acquitter de leurs obligations[67] fiscales. Selon les Nations unies, le civisme fiscal est l'ensemble des perceptions et attitudes des contribuables qui se traduisent par le consentement à l'impôt ou par des pratiques de fraude.

Le degré du civisme fiscal a un effet considérable sur le rendement du système fiscal. Monsieur NGAKOSSO observe que la Bible interdit le comportement de fuite devant l'impôt ou d'évitement fiscal. L'auteur rappelle que cette notion fait appel à la psychologie du contribuable et à son tempérament national[68]. L'impôt, en général, et l'impôt direct, en particulier, semblent davantage acceptés par certains peuples. En revanche, d'autres peuples semblent plus réservés, obligeant les gouvernants à recourir davantage à l'impôt indirect moins voyant.

---

[65] MEHL et BELTRAME, Science et technique fiscales, PUF, op.cit. p.199.

[66] Pour une vue d'ensemble, voyez BELTRAME (Pierre), Les systèmes fiscaux, Que sais-je ? PUP, 2ème édition.

[67] Il s'agit fondamentalement des obligations d'existence, de déclaration et de paiement.

[68] NGAKOSSO Antoine, Réformes fiscales en Afrique, Le management du changement, L'Harmattan, 2013, p.13.

La constitution malienne met à la charge de citoyen le devoir d'acquitter ses impositions. Nonobstant l'importance de ce devoir, le civisme fiscal reste un défi surtout à cause de l'existence et du poids du secteur informel et du manque de sensibilisation. La sensibilisation, à travers des journées portes ouvertes, destinée à présenter aux citoyens les règles fiscales avant qu'elles n'entrent en vigueur, est de nature à promouvoir le civisme fiscal.

SECTION II. L'ADMINISTRATION FISCALE

Au Mali, quatre services publics sont impliqués dans la gestion des impôts, à savoir :

- la Direction générale des Impôts ;
- la Direction générale des Douanes ;
- la Direction générale du Trésor et de la Comptabilité publique ;
- la Direction générale des Domaines et du Cadastre.

Les points constitutifs de cette section seront les quatre services ci-dessus cités.

Paragraphe I. La Direction générale des Impôts

La Direction Générale des Impôts (DGI)[69] est le fruit d'une longue évolution. De la Direction des Impôts[70] à la Direction nationale des Impôts[71], en passant par la Direction nationale unique des Impôts et des Douanes[72], la DGI est la gardienne de plusieurs politiques fiscales voulues et mises en œuvre par le gouvernement.

La DGI a pour mission d'élaborer et de veiller à la mise en œuvre des éléments de la politique nationale en matière de fiscalité intérieure. A cet effet, elle est chargée :

---

[69] L'Ordonnance n°02-058/P-RM du 05 juin 2002 crée la Direction générale des Impôts. Elle a été modifiée par l'Ordonnance n°2019-030 du 24 juillet 2019.
[70] La Loi n°59-50/AL/RS du 28 décembre 1959 a créé la Direction des Impôts.
[71] La Loi n°84-25/AN-RM du 09 juillet 1984 a créé la Direction nationale des Impôts.
[72] La Loi n°67-12-AN-RM du 13 avril 1967 a créé la Direction unique des Impôts et des Douanes.

- préparer la réglementation fiscale relative aux impôts, droits et taxes intérieurs et d'en assurer l'application ;
- asseoir, liquider, contrôler et recouvrer les impôts, droits et taxes intérieurs perçus au profit de l'Etat ou, le cas échéant, des collectivités territoriales et des organismes publics ou parapublics ;
- gérer le contentieux fiscal[73].

A. L'organisation de la Direction générale des Impôts

L'administration fiscale malienne cherche à s'adapter à la situation du pays surtout si l'on sait qu'en matière fiscale, il est difficile de concevoir une réforme fiscale sans celle de l'administration. A ce propos, Monsieur NGAKOSSO relevait que : « l'idéal serait de faire adapter l'administration fiscale à son environnement économique, social, sociologique, culturel et juridique du pays concerné par la réforme fiscale… »[74].

L'organisation de la DGI a trait à la direction et aux structures[75].

I. La direction

La DGI est dirigée par un Directeur général nommé par décret pris en Conseil des ministres. Le Directeur général des Impôts est chargé de diriger, coordonner, animer et contrôler les activités de la Direction Générale des Impôts. Il est assisté et secondé d'un Directeur général Adjoint.

II. Les structures

La Direction générale des Impôts est ainsi structurée :

- **En staff, six (06) cellules :**

- la Cellule Audit et Contrôle ;
- la Cellule Organisation et Méthodes ;

---

[73] Article 2 de l'Ordonnance n°02-058/P-RM du 05 juin 2002, modifiée, portant création de la Direction générale des Impôts.

[74] NGAKOSSO Antoine, Réformes fiscales en Afrique, Le management du changement, L'harmattan, 2013, p.29.

[75] Voyez dans ce sens les dispositions du Décret n°2019-0978/P-RM du 19 décembre 2019 fixant l'organisation et les modalités de fonctionnement de la Direction générale des Impôts.

- la Cellule des Affaires Matérielles et Financières ;
- la Cellule Relations publiques et Communications ;
- la Cellule Appui au Recouvrement ;
- la Cellule Personnel, Formation et Perfectionnement.

- **En ligne, quatre (04) directions :**

- la Direction Législation fiscale et Contentieux ;
- la Direction Planification, Etudes et Suivi ;
- la Direction des Systèmes d'Information ;
- la Direction Recherches, Enquêtes et Appui-Conseil à la Vérification.

- **Le service rattaché**

La Direction des Grandes Entreprises est un service rattaché à la DGI. Elle est créée par l'Ordonnance n°09-029/P-RM du 25 septembre 2009 et est le seul service rattaché après l'abrogation du texte de création de la Direction des moyennes entreprises.

B. Le fonctionnement de la Direction générale des Impôts

Le fonctionnement de la Direction générale des Impôts passe par l'élaboration de la politique de service mais aussi par sa coordination et son contrôle.

I. L'élaboration de la politique de service

Sous l'autorité du Directeur général, les directeurs et les chefs de cellule préparent les études techniques, les programmes d'action concernant les domaines relevant de leur compétence et procèdent à leur évaluation périodique. Les Directeurs et les chefs de cellule coordonnent et contrôlent les activités de leurs structures respectives.

II. La coordination et le contrôle

L'activité de coordination et de contrôle de la Direction Générale des Impôts s'exerce sur les services régionaux et subrégionaux des impôts et sur les services qui y sont rattachés.

L'activité de coordination et de contrôle s'exerce à travers un pouvoir d'instruction préalable portant sur le contenu des décisions à prendre et des activités à accomplir et à travers un droit d'intervention a posteriori sur les décisions consistant à l'exercice du pouvoir d'approbation, de suspension, de reformulation et d'annulation.

La Direction Générale des Impôts est représentée :

- au niveau des régions et du district de Bamako par les directions régionales ;
- au niveau des cercles et des communes du district de Bamako par les Centres des Impôts et les Centres des Impôts des Moyennes Entreprises.

Paragraphe II. La Direction générale des Douanes

Les missions fiscales de la Direction générale des Douanes[76] (DGD) consistent à opérer des rentrées d'argent pour le Trésor public. Ces missions revêtent une importance capitale pour l'Etat qui, en l'absence des ressources qu'il tire de la douane, aurait des difficultés pour assumer les tâches qui lui incombent.

Les missions fiscales de la douane sont de trois ordres.

D'abord, prélever les droits de douane au sens large. À la faveur de l'intégration régionale, ils ont connu ces dernières années une baisse sensible et régulière. Ils peuvent être rangés en trois rubriques :

- les droits à l'importation : ils rapportent l'essentiel des recettes douanières ;
- les droits à l'exportation : ils concernent très peu de marchandises ;
- les autres recettes sur le commerce et les transactions internationales : il s'agit quasi exclusivement des amendes douanières. La relative faiblesse de leur montant s'explique par l'affectation d'une partie substantielle de ce montant à

[76] L'Ordonnance 90-058 /P-RM du 10 octobre 1990 crée la Direction générale des Douanes, son organisation et ses modalités de fonctionnement sont fixés par le Décret n°95-056/P-RM du 16 février 1995. L'Arrêté n°09-3040/MEF-SG du 20 octobre 2009 fixe la liste des bureaux, brigades et postes de douanes.

l'intéressement du personnel de la douane et à l'équipement des services.

Ensuite, la DGD prélève les taxes de consommation intérieure et assimilées. Ces taxes relèvent en principe de la Direction générale des Impôts mais lorsqu'elles s'appliquent à des produits importés, censés être mis en consommation dès leur franchissement du cordon douanier, il est logique que par commodité leur perception se fasse par l'Administration des douanes en même temps que les droits et taxes de douane y afférents. On note essentiellement :

- la Taxe sur la valeur ajoutée (TVA) au taux de 18%, l'assiette est constituée par la valeur CAF augmentée de tous les autres droits ci-dessus énumérés, à l'exception de la TVA elle-même ;
- l'Impôt spécial sur certains produits (ISCP) ;
- la Taxe unique sur les produits pétroliers.

Enfin, la DGD opère des prélèvements effectués au profit de l'UEMOA et de la CEDEAO. La DGD est également chargée de percevoir, non pas au profit du trésor public malien mais au profit des organismes d'intégration sous régionale que sont l'UEMOA et la CEDEAO, le Prélèvement communautaire de solidarité (PCS), le Prélèvement communautaire (PC) respectivement au taux de 1% et de 0,5%.

Les missions fiscales de la douane sont, de nos jours, les plus importantes et les plus voyantes.

Paragraphe III. La Direction générale du Trésor et de la Comptabilité publique[77]

La mission fiscale de la Direction générale du trésor et de la comptabilité publique est moins importante que celle des services des Impôts et celle de l'Administration des Douanes. Aussi, il lui sera réservé peu de développement.

---

[77] L'Ordonnance n°2024-017/P-RM du 27 septembre 2024 porte création de la Direction Générale du Trésor et de la Comptabilité publique.

La mission fiscale consiste à recouvrer les impôts directs des contribuables relevant des centres des impôts non encore informatisés. Ces impôts sont :

- les droits de patente professionnelle et de licence ;
- l'Impôt sur les revenus fonciers ;
- l'Impôt sur les sociétés et/ou l'Impôt sur les Bénéficies Industriels et Commerciaux ;
- la Taxe sur le bétail ;
- la Taxe sur les armes à feu ;
- la Taxe de développement régional et local.

Paragraphe IV. La Direction générale des Domaines et du cadastre

La Direction générale des Domaines et du Cadastre[78] est chargée, entre autres, de recouvrer au profit de l'Etat et, le cas échéant, des collectivités territoriales, les recettes domaniales et les droits et taxes liés au foncier dont l'administration ne relève pas d'un autre service d'assiette. La mission fiscale de la Direction générale des Domaines et du Cadastre consiste en la gestion de certains impôts, droits et taxes :

- les droits d'enregistrement et de timbre afférents aux transactions immobilières ;
- la taxe sur les plus-values réalisées par les particuliers en dehors de toute entreprise ;
- la taxe sur la plus-value de cession de titres miniers ;
- la perception de la taxe-ad-valorem due sur les produits miniers ;
- les droits de mutation et de timbre perçus sur les transactions immobilières.

SECTION III. LES PERSPECTIVES

Les besoins financiers de l'Etat étant de plus en plus pressants et croissants, une mobilisation des ressources fiscales s'impose. Cette

[78] La Direction générale des Domaines et du Cadastre est créée par l'Ordonnance n°2024-001/PT-RM du 15 janvier 2024.

exigence est d'ailleurs plus grande dans le contexte actuel de transition fiscale[79] qui ambitionne de réaliser le transfert progressif de la pression fiscale de la fiscalité de porte à la fiscalité intérieure, tout en contribuant à la consolidation du marché commun. En outre, la transition fiscale doit soutenir la croissance économique et promouvoir le financement du développement et des politiques sociales sur ressources propres. Elle vise l'atteinte d'un taux de pression fiscale de 20%.

En termes de perspectives, il est prévu de fiscaliser le secteur informel (paragraphe I), de fiscaliser le secteur agricole (paragraphe II), d'instituer un système sécurisé de facture (paragraphe III) et de digitaliser l'administration fiscale (paragraphe IV).

Paragraphe I. La fiscalisation du secteur informel

Le secteur informel est une composante essentielle de l'économie de nombreux pays, industrialisés ou en développement. Ses formes pouvant être diverses et variées, il n'est pas aisé à définir. En dépit de cette difficulté, le législateur malien a apporté une définition au secteur informel. Il est défini comme le « domaine d'évolution des entreprises du Secteur Privé qui opèrent en dehors du respect strict des obligations légales, notamment celles relatives à l'immatriculation du Registre du Commerce et du Crédit Mobilier, à la fiscalité, à la sécurité sociale »[80].

Le secteur informel, avec ses formes diverses, est une composante essentielle de l'économie malienne. Sa croissance continue et son hétérogénéité rendent son appréhension et son évaluation particulièrement délicates.

Dans un tel contexte, l'activité économique générale se trouve perturbée par l'existence de ces réseaux dans la mesure où ils entrent en concurrence avec les entreprises connues des services fiscaux qui

---

[79] Par Décision n°10/2006/ CM/UEMOA du 23 mars 2006, le Conseil des ministres de l'UEMOA a adopté le Programme de transition fiscale. Le programme national de transition fiscale est adopté au Mali par Décision n°0058/MEF-SG du 20 août 2011 du ministre de l'Economie et des Finances.

[80] Voyez l'article 3 de la Loi n°2011-088 du 30 décembre 2011 portant Loi d'orientation du secteur privé.

respectent les lois et règlements et qui, de ce fait, pâtissent de cette concurrence déloyale « marché gris ».

Si la mise en place de structures et d'outils adaptés, l'adoption de mesures incitatives visant à encourager les redevables à se soumettre aux procédures d'immatriculation ainsi que la mise en œuvre de mécanismes de fidélisation et de suivi des contribuables s'avèrent indispensables pour favoriser une meilleure fiscalisation du secteur informel, il apparaît cependant que ces mesures doivent nécessairement être accompagnées de dispositifs de contrôles et d'échanges d'informations de nature à renforcer leur efficacité.

Le législateur malien, afin de fiscaliser le secteur informel, a institué le précompte (A) et a créé les centres de gestions agréés (B). Auparavant, il a introduit dans le dispositif fiscal le régime synthétique ainsi que le paiement d'acomptes.

A. L'institution du précompte

Le Conseil des Ministres de l'Union Economique et Monétaire Ouest Africaine (UEMOA) a adopté le 26 novembre 2001 la Directive n°07/2001/CM/UEMOA portant régime harmonisé de l'acompte sur impôt assis sur les bénéfices. Cette Directive définit le régime harmonisé du système d'acompte sur impôt dû au titre des bénéfices professionnels.

Il faut rappeler le fait qu'il existait déjà dans la législation nationale un mécanisme de retenue à la source consacré par l'Acompte sur Divers Impôts et Taxes (ADIT)[81]. Ce mécanisme visait les mêmes objectifs que la directive précitée, à savoir :

- élargir l'assiette fiscale à travers une meilleure fiscalisation du secteur informel ;

[81] L'ADIT a été institué par la Loi n°003 du 3 février 1993 abrogée et remplacée par la Loi n°97-013 du 07 mars 1997.

- améliorer le taux de recouvrement des impôts et taxes intérieurs ;
- permettre à la concurrence de mieux jouer sur le plan intérieur entre les entreprises du secteur formel et celles évoluant dans le secteur informel.

De ce qui précède, le législateur a institué, au profit du budget d'État, un précompte au titre de l'impôt assis sur les bénéfices industriels et commerciaux et de l'impôt sur les sociétés. Sont soumises au précompte les opérations :

- d'importation de marchandises à but commercial réalisées par les personnes ne disposant pas d'un Numéro d'Identification Fiscal ou d'un Numéro d'Identification National ou ne remplissant pas les conditions requises pour le commerce avec l'extérieur ;
- d'achats de biens commerciaux sur le marché intérieur effectués par les personnes ne disposant pas de Numéro d'Identification Fiscal ou de Numéro d'Identification National ;
- de fourniture de biens et/ou de services dont le prix est payé par le Trésor public.

Le précompte est mis en place pour inciter les acteurs du secteur informel à souscrire leurs déclarations fiscales en vue du paiement de leurs différents impôts. Il s'agit d'une modalité qui permet d'identifier les contribuables impliqués dans le circuit de distribution des marchandises importées ou produites localement. Le précompte est un impôt déductible du bénéfice imposable.

B. La mise en place des Centres de gestion agréés (CGA)

Dans le cadre de l'élargissement de l'assiette fiscale, notamment à travers la fiscalisation du secteur informel, le Gouvernement du Mali a adopté la Loi n°93-061 du 08 septembre 1993 fixant le régime des centres de gestion agréés et des associations de professions libérales agréées. Cette loi prévoit des avantages fiscaux aux adhérents des centres de gestion agréés et aux associations de professions libérales agréées qui ont essentiellement pour missions d'apporter de l'assistance et la formation dans le domaine de la gestion et de la fiscalité à leurs adhérents.

L'intérêt de l'adhésion pour l'administration fiscale est l'obtention de déclarations conformes.

Paragraphe II. La fiscalisation du secteur agricole

Eu égard au développement de l'agriculture moderne et des fermes péri-urbaines, notamment, il y a lieu de procéder à l'effectivité de la fiscalisation du secteur agricole, pour faire contribuer ce secteur à l'amélioration des ressources de l'Etat, la législation fiscale ayant déjà prévu les dispositions qui encadrent l'imposition des bénéfices agricoles.

Le Mali est un pays à vocation agro-pastorale par excellence. Près de 80% de la population pratiquent les activités rurales. Le secteur rural contribue pour près de 45% à la formation du produit intérieur brut (PIB) (CPS/SDR 2017).

Cependant, l'apport du secteur rural aux ressources fiscales du budget demeure faible. Bien entendu, un grand nombre de personnes dudit secteur évolue dans le cadre d'une agriculture de subsistance basée fondamentalement sur l'autoconsommation avec l'utilisation de moyens archaïques à très faible productivité.

Toutefois, depuis quelques années, une catégorie de producteurs, disposant d'instruments modernes de production, exercent, à titre commercial, les activités agricoles. Il s'agit notamment des propriétaires de fermes modernes et des agriculteurs qui s'adonnent aux cultures de rente. Ceux-ci bénéficient souvent de l'encadrement technique et du soutien des institutions financières. Ainsi, ces exploitants réalisent des revenus importants, dès lors ils ne peuvent relever du cadre de l'agriculture traditionnelle.

La législation fiscale en vigueur prévoit l'imposition des bénéfices tirés des exploitations ne relevant pas de l'agriculture traditionnelle. Elle énonce à cet effet qu'un arrêté conjoint du ministre chargé des Finances et des autres ministres chargés des différentes filières agricoles déterminera les critères de distinction de l'agriculture traditionnelle. Ledit arrêté n'a jamais été adopté et, par ce fait même, les bénéfices agricoles ne sont soumis à aucun impôt sur les revenus. A l'analyse, cette situation est contraire au principe de l'équité qui doit caractériser tout système fiscal moderne.

En outre, selon les critères du Pacte de Convergence, de Stabilité, de Croissance et de Solidarité de l'Union économique et monétaire ouest africaine (UEMOA), le taux de pression fiscale devrait atteindre 20% du PIB. Or, les autres activités (commerce, industrie, service) sont imposées aujourd'hui à des taux qui sont difficiles à relever. De même, la législation encadrant la taxation de la dépense est harmonisée dans l'espace UEMOA, la marge de manœuvre est donc assez réduite à ce niveau.

Dans un tel contexte, il est nécessaire d'élargir l'assiette fiscale par l'opérationnalisation de l'impôt sur les revenus agricoles. C'est ainsi que le ministère de l'Economie et des Finances a commandité une étude sur la fiscalisation du secteur agricole. Celle-ci a été complétée par une étude sur les marges bénéficiaires suite aux recommandations de l'atelier de validation du rapport de l'étude[82]. Plusieurs modes de taxation du secteur agricole sont envisageables : l'impôt est perçu soit suivant le régime réel, soit suivant la base du régime synthétique ou encore sur la combinaison des deux régimes.

Paragraphe III. L'Institution d'un système sécurisé de facture

Les transactions entre opérateurs économiques et entre ces derniers et leurs clients sont normalement retracées par un système de facturation. Afin de lutter efficacement contre la fraude et augmenter les recettes fiscales, notamment celles concernant la Taxe sur la Valeur Ajoutée (TVA), l'institution d'un système sécurisé de factures normalisées a été retenue[83].

La facture normalisée est une facture qui comporte un ensemble d'éléments qui la rendent plus fiable et reconnaissable. Son institution

---

[82] En sa session du 04 septembre 2019, le Conseil des Ministres a pris acte des conclusions de l'étude portant sur la fiscalisation du secteur agricole d'une part, et donné instruction au ministre de l'Economie et des Finances d'associer, à la mise en œuvre des recommandations formulées, les ministres chargés respectivement de l'Agriculture, de l'Administration territoriale, de la promotion des investissements, d'autre part.

[83] Le Décret n°2022-0733/PT-RM du 25 novembre 2022 a institué un système sécurisé de facture normalisée.

permettra de répertorier et de connaître l'ensemble des factures en circulation dans le pays grâce à la procédure d'édition spéciale mise en place.

Par cette mesure, l'administration sera mieux outillée pour sécuriser les recettes de l'Etat et lutter efficacement contre la fraude fiscale.

L'article 24 dudit décret instituant un système de facture normalisée prévoit qu'une convention de concession signée entre le ministre chargé des Finances et le concessionnaire fixe les conditions et modalités relatives à la gestion des régimes d'édition et de sécurisation des factures normalisées. L'institution de la facture normalisée précède la mise en place d'un système de la facturation électronique.

Paragraphe IV. La digitalisation de l'administration fiscale

La digitalisation ou télé procédure est perçue comme l'ensemble des procédures électroniques permettant l'échange de données fiscales et comptables dématérialisées entre les entreprises et l'administration fiscale, notamment la télédéclaration et le télépaiement.

L'optimisation de l'administration fiscale passe par l'amélioration de la fluidité, de la sécurité, la diminution des coûts pour les entreprises. Cela contribue à augmenter les recettes fiscales tout en réduisant les contraintes actuelles imposées aux contribuables et en améliorant ainsi le climat des affaires dans le pays.

A ce jour, au niveau informatique, le développement des deux modules (télé déclaration et télépaiement) a été finalisé et l'utilisation des télédéclarations a déjà démarré à la Direction des Grandes Entreprises (DGE) depuis janvier 2019 pour les contribuables ayant accepté l'adhésion volontaire. La mise en production des fonctionnalités, Télé déclaration et Téléconsultation du module E-Impôt de SIGTAS 3.0, est effective depuis le 1er janvier 2019.[84]

---

[84] Tous les contribuables de la DGE et ceux des Centres des Impôts des Moyennes Entreprises souscrivent leurs déclarations d'impôts par voie électronique. Tous les

TITRE II. LE CONTRÔLE DE L'IMPÔT ET LE CONTENTIEUX FISCAL

Les conséquences du droit de contrôle de l'administration fiscale peuvent être un redressement pouvant donner lieu à un contentieux. Ainsi, seront successivement abordés le droit de contrôle de l'administration (chapitre I), le redressement des impositions (chapitre II) et le contentieux fiscal (chapitre III).

---

contribuables inscrits à E-Impôts consultent leurs situations fiscales par voie électronique via le réseau Internet.

CHAPITRE I.

LE DROIT DE CONTRÔLE DE L'ADMINISTRATION

Le contrôle fiscal peut être défini comme l'action du fisc qui consiste à vérifier a posteriori les déclarations faites par les contribuables. En plus de son rôle dissuasif, le contrôle fiscal vise à sanctionner les fraudes ou à corriger les erreurs des faites par les contribuables. Aussi, le contrôle fiscal consiste-t-il pour le service des Impôts à examiner « la cohérence des déclarations, à les comparer à la comptabilité et aux pièces justificatives ainsi qu'à la réalité économique, financière et physique »[85].

Le système fiscal malien est déclaratif, c'est-à-dire prend en compte le « mode d'établissement de l'impôt d'après les éléments déclarés par le contribuable ». Le contrôle fiscal est le contrepoids nécessaire au système déclaratif[86]. Laure AGRON a pu remarquer que : « Le contrôle fiscal est une nécessité pour trois raisons : d'abord pour assurer le respect de la loi et de la volonté du législateur ; ensuite pour des raisons de justice et d'équité, afin d'éviter que les contribuables honnêtes ne paient à la place des contribuables fraudeurs ; enfin pour des motifs économiques : assurer des conditions de concurrence loyale entre les entreprises »[87].

Ainsi, le fisc se réserve le droit de contrôler lesdites déclarations et de les redresser éventuellement.

Dans ce chapitre, il sera question des moyens de contrôle (section I), des formes du contrôle fiscal (section II), des obligations, droits et garanties des contribuables (section III).

SECTION I. LES MOYENS DE CONTRÔLE

L'administration des Impôts, pour l'établissement des impôts, peut demander au contribuable de lui fournir tous renseignements, justifications ou éclaircissements se rapportant aux déclarations que ce

---

[85] A.BARILARI, R. DRAPE, Lexique fiscal, Dalloz 1992, p.48, cités par AGRON L, op. cit. p.238.
[86] Voyez J. BRURON, Le contrôle fiscal, LGDJ, 1991.
[87] Laure AGRON, Histoire du vocabulaire fiscal, op cit, P.234.

dernier a faites. Les moyens[88] de contrôle de l'administration fiscale se traduisent par les demandes d'éclaircissements, de justifications ou de renseignements, le droit de communication, le droit de visite et de saisie des documents[89], par le droit d'enquête spécial en matière de TVA.

Paragraphe I. Les demandes d'éclaircissements, de justifications ou de renseignements auprès du contribuable

La demande peut être motivée par l'obtention d'informations ou par la communication de pièces.

A. La demande de renseignements

L'administration des impôts peut demander au contribuable tout renseignement dont elle a besoin pour l'établissement de l'impôt, des droits ou des taxes et pour la vérification de ses déclarations.

B. Les demandes d'éclaircissement et de justification

Le fisc peut adresser au contribuable une demande d'éclaircissement lorsqu'il relève des contradictions ou des discordances soit entre les différents éléments de la déclaration soit avec des déclarations antérieures, soit avec des renseignements qu'il détient, soit avec le train de vie du contribuable.

La demande de justification est adressée au contribuable dans les cas énoncés au LPF. Elle peut porter, entre autres, sur la situation ou les charges de famille du redevable, sur les charges déduites du revenu imposé[90].

Paragraphe II. Le droit de communication

Exercé par les agents ayant le grade d'inspecteur et munis de commission d'emploi, le droit de communication permet à l'administration fiscale de recueillir, auprès de tiers, des informations

---

[88] Cette liste des moyens de contrôle énoncée à l'article 513 du LPF n'est pas exhaustive à cause de l'emploi de l'adverbe notamment. Ce qui peut amener le fisc à employer d'autres moyens.

[89] Il s'agit principalement de documents commerciaux, comptables et de supports informatiques.

[90] Voyez dans ce sens l'article 520 du LPF.

que ceux-ci détiennent sur certains contribuables afin de s'assurer de la régularité de leurs déclarations. Les demandes d'information doivent être limitées aux seules personnes concernées par les recherches ou en relation avec elles ainsi qu'aux éléments nécessaires au contrôle de l'impôt.

Le droit de communication est exercé quel que soit le support utilisé pour le traitement et la conservation des documents commerciaux et comptables.

Paragraphe III. Le droit de visite et de saisie de documents

Le droit de visite et de saisie est une procédure exceptionnelle de recherche de renseignements. Diligentée par l'autorité judiciaire[91] à la demande du Directeur général des impôts, le droit de visite et de saisie est susceptible d'être exercé lorsqu'il existe des présomptions que le contribuable se soustrait à l'établissement des impôts et taxes. Cette prérogative est mise en mouvement à la recherche de fraudes spécifiques, telles achats et ventes sans facture, utilisation ou délivrance des factures ou documents ne se rapportant pas à des opérations réelles, omission de passer ou de faire passer des écritures, passation d'écritures inexactes ou fictives dans des documents comptables dont la tenue est obligatoire.

Les agents de l'administration des Impôts habilités par le Directeur général des Impôts à exercer le droit de visite et de saisie doivent avoir le grade d'inspecteur. La visite a lieu en présence de l'occupant des lieux ou de son représentant. Elle ne peut être commencée ni avant six heures ni après vingt et une heures.

Paragraphe IV. Le droit d'enquête spécial en matière de TVA

L'administration des impôts dispose d'un droit d'enquête spécial dans le but de rechercher les manquements aux obligations auxquelles sont soumis les assujettis à la TVA. Ainsi, elle peut se faire présenter les factures, la comptabilité matière ainsi que les livres, les registres et les documents professionnels pouvant se rapporter à des opérations

---

[91] Aux termes de l'article 536 du LPF, chaque visite est autorisée par une ordonnance Président du tribunal dans le ressort duquel sont situés les lieux à visiter. Elle est susceptible d'un pourvoi en cassation.

ayant donné lieu ou devant donner lieu à facturation et procéder à la constatation matérielle des éléments physiques de l'exploitation.

Après l'analyse des moyens de contrôle, il serait intéressant d'exposer les formes du contrôle fiscal.

SECTION II. LES FORMES DU CONTRÔLE FISCAL

Le contrôle fiscal peut porter soit sur l'examen des documents figurant dans le dossier fiscal du contribuable (le contrôle sur pièces) soit sur la vérification de la comptabilité du contribuable (le contrôle sur place ou la vérification). A ces deux types de contrôle, il convient d'ajouter le contrôle formel. Le contrôle formel consiste en un examen de la qualité formelle des éléments déclarés en vue notamment de leur exploitation par des moyens informatiques. Il vise à corriger des erreurs matérielles et à éviter le blocage des impositions. En aucun cas, ce contrôle ne se traduit par la modification des chiffres déclarés. Le contrôle formel a vocation de préparer le contrôle sur pièces[92].

On distingue généralement deux formes de contrôle fiscal : le contrôle sur pièces et la vérification de comptabilité.

Paragraphe I. Le contrôle sur pièces

Le contrôle sur pièces est constitué par l'ensemble des travaux au cours desquels l'administration procède, de ses bureaux, à l'examen critique global des déclarations à l'aide de renseignements et documents figurant au dossier d'un contribuable ou recueillis sur celui-ci. Il a pour but de rechercher les contribuables défaillants, de procéder aux éventuels redressements, d'identifier les contribuables devant faire l'objet d'une vérification de comptabilité.

Paragraphe II. La vérification de comptabilité

L'une des prérogatives les plus importantes du fisc tient dans la vérification de la comptabilité et ce, conformément aux dispositions de l'article 562 du Livre de procédures fiscales. « La vérification de comptabilité est l'ensemble des opérations qui a pour objet d'examiner sur place la comptabilité d'une entreprise avec ses pièces justificatives

[92] Pour une vue d'ensemble, voyez les articles 559 et suivants du LPF.

et de la confronter aux éléments d'exploitation afin de contrôler les déclarations souscrites ».

A. L'avis de vérification

La vérification de comptabilité est précédée de l'envoi d'un avis de vérification qui est un document par lequel l'administration fiscale informe le contribuable de son intention d'exercer son droit de contrôle sur place. Le contribuable concerné doit être avisé au moins huit (08) jours à l'avance de la vérification projetée à travers un avis de vérification. L'avis de vérification apporte la précision que le contribuable à vérifier peut se faire assister de plus d'un conseil de son choix[93]. A l'avis de vérification, est jointe la Charte du contribuable vérifié qui énonce les droits et obligations du contribuable lors de la vérification[94]. L'avis de vérification de comptabilité précise les impôts, droits et taxes qui feront l'objet du contrôle de l'administration fiscale.

B. Le déroulement de la vérification

La vérification a lieu sur place, c'est-à-dire au siège de l'entreprise ou du lieu de son principal établissement. Elle a pour objet de contrôler l'exactitude des résultats déclarés à partir d'une étude en profondeur de tous les documents et pièces justificatives annexes. La vérification repose sur un dialogue avec le vérificateur. Elle consiste pour l'essentiel en un débat oral et contradictoire qui s'instaure entre le vérificateur et le contribuable vérifié sur les différentes questions soulevées au cours du contrôle.

La vérification peut être générale et porter sur l'ensemble de la comptabilité et des obligations du contribuable. Elle peut être spéciale ou ponctuelle et ne concerner qu'un ou quelques aspects précis de la comptabilité et des obligations du contribuable.

Le vérificateur a le droit de demander communication des documents comptables et de toutes les pièces diverses de nature à justifier les résultats déclarés. L'examen des documents et pièces

---

93 Ce conseil pourra être un conseil fiscal, un avocat, une personne chargée de la tenue de la comptabilité du contribuable.

94 Voyez dans ce sens la Décision n°0076/MF-SG du ministre des Finances portant adoption de la Charte du contribuable vérifié.

comptables ne peut s'étendre sur une durée supérieure à six mois pour les entreprises dont le chiffre d'affaires annuel est inférieur ou égal à cent cinquante millions et à douze mois pour les autres entreprises.

La vérification ne peut avoir lieu qu'une seule fois pour les mêmes impôts et la même période.

C. Les conclusions de la vérification

Deux hypothèses sont à envisager :

- - d'une part, la comptabilité peut être régulière et le contribuable à jour vis-à-vis de ses obligations fiscales. En ce moment, la vérification n'emporte aucune conséquence négative ou préjudiciable sur le contribuable ;
- - d'autre part, la vérification peut révéler des insuffisances, des omissions ou des dissimulations. Dans ce cas, le service des impôts peut utiliser : la procédure d'imposition d'office et du redressement.

L'administration fiscale doit notifier par écrit les résultats de la vérification de comptabilité au contribuable, même en l'absence de rappel de droit. Le terme des investigations menées par le fisc est marqué par l'envoi d'une notification de redressements ou d'une notification d'absence de redressement. La notification de redressements est l'acte administratif par lequel le vérificateur porte à la connaissance du contribuable les redressements qu'il envisage à l'issue du contrôle.

L'examen des mécanismes et des formes du contrôle fiscal conduit à aborder les obligations, les droits et les garanties des contribuables.

SECTION III. LES OBLIGATIONS, DROITS ET GARANTIES DES CONTRIBUABLES[95]

La législation fiscale met à la charge des contribuables des obligations dont notamment la tenue d'une comptabilité, la

[95] Les droits et garanties du contribuable sont énoncés dans la charte du contribuable.

conservation des documents, la délivrance de factures, le versement d'acomptes. En revanche, les contribuables disposent d'un certain nombre de droits et de garanties en contrepartie des pouvoirs étendus de contrôle et de redressement reconnus à l'administration fiscale. Il s'agit du droit de consulter l'administration fiscale sur leur situation fiscale, les garanties prévues dans le cadre des vérifications de comptabilités, la garantie contre les changements de doctrine administrative qui feront l'objet des développements qui suivront.

Paragraphe I. Les obligations des contribuables

Les obligations mises à la charge des contribuables sont nombreuses. Peuvent être présentées les plus contraignantes.

A. La tenue d'une comptabilité, la conservation des documents et la délivrance de factures

Le contribuable doit tenir une comptabilité régulière ou à défaut un livre aux pages numérotées sur lequel il inscrit, jour après jour, sans blanc ni rature, chacune des opérations taxables ou non. La comptabilité est tenue en français et doit être conforme aux normes édictées par le SYSCOHADA.

Les documents comptables et commerciaux (factures d'achat et les ventes) doivent être conservés pendant un délai de dix (10) ans.

Tout commerçant, industriel, producteur, entrepreneur des travaux immobiliers et prestataire de service, est tenu de délivrer une facture ou un document en tenant lieu pour chaque opération réalisée avec un client. Les factures doivent porter le montant hors taxe, la taxe (TVA), le montant toutes taxes, l'identité du client (numéro d'identification fiscal)[96].

B. Le droit de communication et l'obligation de réponse

Aucune administration, aucune entreprise ne peut opposer le secret professionnel aux agents du fisc dûment habilités qui sollicitent

---

[96] Il s'agit de mentions prescrites à l'article 115 du LPF.

communication des documents de service en vue de l'établissement ou du contrôle de l'assiette.

Tout contribuable ou redevable est tenu de répondre dans un délai de vingt (20) jours à toute demande d'explication, de renseignement, de notification de redressement formulée par l'administration fiscale.

C. Les obligations de retenue à la source d'impôts et de versement d'acomptes

Le LPF, en ses articles 440 à 444, a institué une retenue à la source de toutes les sommes versées à un prestataire de service ne disposant de numéro d'identification fiscal en rémunération de services rendus.

Le taux de la retenue est de 15% [97]. Le versement de la retenue opérée au cours d'un mois doit intervenir au plus tard le 15ème jour du mois suivant.

Le défaut de retenue ou de versement est sanctionné par l'exclusion des rémunérations versées des charges d'exploitation de l'entreprise.

L'obligation de retenue à la source imposée par les articles 441 à 444 du Livre de procédures fiscales vise les sommes versées à des entreprises étrangères n'ayant pas au Mali d'installation permanente en contrepartie des divers services rendus.

Le taux de la retenue est de 15%. Les marchés et les contrats administratifs font l'objet de retenue lorsque l'adjudicataire n'a pas d'installation professionnelle permanente au Mali.

Les entreprises soumises à l'IBIC, selon le mode du réel normal, sont tenues de calculer elles-mêmes et de verser trois acomptes provisionnels au titre de l'IBIC[98]. Le montant de cet acompte est égal à ¼ du montant de l'IBIC dû au titre de la dernière imposition (cas d'une

---

[97] La réduction du taux de l'impôt de 35% à 30% par la loi de finance 2011-078 devait conduire à la réduction du taux de 17,5% à 15%. Le taux de 17,5% est obtenu en divisant le taux de 35% par deux.
[98] Voyez dans ce sens l'article 278 du LPF.

ancienne imposition) ou de l'IBIC prévisionnel (cas d'une entreprise nouvelle). Les versements ont lieu au plus tard les 31 mars, 31 juillet et 30 novembre.

Lorsque le contribuable relève du mode du réel simplifié, le montant de chaque acompte est égal à 1/3 du produit obtenu en multipliant le chiffre d'affaires de l'année N-1 par le coefficient 0,60%. Ce coefficient est ramené à 0,20% pour les stations-services s'approvisionnant exclusivement sur le marché local[99].

Les versements ont lieu au plus tard les 31 mars, 31 juillet et 30 novembre de chaque année.

L'impôt sur les revenus de valeurs mobilières fait l'objet de retenu, conformément aux dispositions de l'article 427 du LPF.

D. Les obligations déclaratives

Les contribuables passibles de l'I.B.I.C /IS sont tenus de joindre à leur déclaration d'impôt sur les bénéfices le relevé concernant toutes les sommes versées à des personnes n'occupant pas un emploi salarié dans l'entreprise. Il s'agit notamment des sommes payées à titre de commissions, de ristournes, de vacation, d'honoraires divers, de loyers…

Paragraphe II. Les droits et garanties du contribuable

L'action de l'administration fiscale est encadrée par les dispositions du LPF qui accordent des droits et des garanties au contribuable, dans un contexte où, « Le bonheur, le bien-être, la bienveillance sont des notions à la mode[100] ». Les droits et des garanties sont nombreux, à défaut de les citer tous, il convient de noter les plus importants.

---

[99] Article 276 du LPF.

[100] Benjamin RICOU, (Sous la Direction de), Regards croisés sur la qualité de la législation fiscale, Une relation de confiance entre l'administration et le contribuable, comme remède aux défauts de la loi fiscale, Sophie LAMBERT-WIBER, LexisNexis 2022, p.121.

A. Le rescrit fiscal

Selon COZIAN Maurice, « Mieux vaut prévenir que taxer ; d'où l'idée d'obtenir le « feu vert » de l'administration pour se mettre à l'abri d'une éventuelle répression au titre de l'abus de droit »[101].

Les contribuables, d'une manière générale, ont la faculté d'interroger l'administration fiscale sur l'application des règles fiscales et notamment sur leur situation au regard de ces règles. Le rescrit est une garantie pour le contribuable. En effet, avant de conclure une convention, le contribuable, à titre garantie, a la possibilité de consulter par écrit l'administration fiscale en lui fournissant tous les éléments nécessaires. L'administration fiscale, liée par sa réponse, doit indiquer en réponse si l'opération relève à son sens de l'abus de droit.

B. Les garanties prévues dans le cadre des vérifications de comptabilités

Les contribuables faisant l'objet d'une vérification bénéficient de garanties dont la violation entraîne l'irrégularité de la procédure d'imposition.

I. L'avis de vérification

L'Avis de vérification est un document par lequel l'Administration fiscale informe le contribuable de son intention d'exercer son droit de contrôle sur place (vérification de comptabilité).

L'Avis de vérification fiscale se présente sous la forme d'un imprimé administratif qui porte l'en-tête du service émetteur, la qualité et le sceau des agents signataires. Il indique aussi la nature des documents que le contribuable doit mettre à la disposition de l'Administration et la date de la première visite des agents chargés de la vérification fiscale. L'avis de vérification de comptabilité doit préciser les impôts, droits et taxes qui feront l'objet du contrôle de l'Administration fiscale.

---

[101] COZIAN Maurice, Les grands principes de la fiscalité des entreprises, Quatrième édition-1999, LexisNexis, P.38.

Sous réserve des délais spéciaux prévus dans certains cas, l'Administration fiscale a le droit de procéder à la vérification de comptabilité de l'entreprise jusqu'à la fin du 3e exercice qui suit celui au titre duquel l'imposition est due.

II. Le droit du contribuable à l'information et à l'assistance

Un avis de vérification est obligatoirement remis au contribuable par un agent de l'Administration fiscale ou adressé par pli recommandé avec accusé de réception.

Sous peine de nullité de la procédure, l'avis de vérification doit expressément porter la mention que le contribuable a la faculté de se faire assister par un conseil de son choix[102].

Ce conseil doit être soit un conseil fiscal, soit un avocat, soit la personne chargée de la tenue de la comptabilité du contribuable.

Le conseil l'aidera dans ses relations avec le vérificateur ou le représentera auprès de l'Administration à condition que ledit conseil ait été dûment mandaté à cet effet.

Paragraphe III. Les sanctions[103]

Les sanctions applicables se divisent en deux grandes catégories, à savoir les sanctions fiscales ou pécuniaires qui ont une nature administrative car elles sont infligées elles-mêmes aux contrevenants et les sanctions pénales qui sont prononcées par les tribunaux correctionnels en cas d'infraction grave que l'administration a jugé utile de poursuivre.

A. Les pénalités fiscales

Les sanctions fiscales ou pécuniaires se traduisent par un supplément à payer en plus du rappel d'imposition. Il est utile de distinguer des sanctions pécuniaires, qui ont un objet répressif, des

---

[102] Article 564 alinéa 2 du LPF.

[103] « La sanction se dit couramment d'une peine établie par une loi pour réprimer certains actes », Laure Agron, Histoire du vocabulaire fiscal, op. cit. p.23.

intérêts de retard, qui n'ont pas un objet répressif mais le caractère d'une « réparation pécuniaire »

B. Les sanctions pénales[104]

La sanction pénale vient se greffer à la sanction fiscale. Les juridictions pénales sont compétentes pour sanctionner les infractions fiscales. La législation fiscale donne la possibilité de poursuivre tout contribuable qui se soustrait ou tente de se soustraire frauduleusement à l'établissement des impôts. L'intention de commettre l'infraction

En dehors des éléments matériels, le délit de fraude fiscal doit comporter un élément moral : le délit est constitué lorsque le contribuable a agi délibérément[105] et il revient à l'administration fiscale d'en apporter la preuve.

Le délit général de fraude fiscale peut être constitué dans le cas d'omission volontaire de déclaration, de dissimilation de somme sujette à l'impôt, d'organisation par le contribuable de son insolvabilité, d'omission de passation d'écritures ou de passation d'écritures inexactes ou fictives.

[104] Voyez les articles 684 et suivants du LPF.

[105] « La notion d'intention fait penser à celle de mauvaise foi et de manœuvre frauduleuse », Martin Collet, Droit fiscal, Thémis droit, PUF, 2007, p.159.

CHAPITRE II.

LE REDRESSEMENT DES IMPOSITIONS

Le redressement est « la rectification d'une déclaration fiscale par le service des impôts lorsqu'il constate des insuffisances, inexactitudes ou omissions dans les éléments déclarés ou l'absence de revenus déclarés »[106].

Pour rectifier les bases d'imposition, et ainsi réclamer les compléments de droits qui lui apparaissent exigibles, l'administration doit respecter des règles de procédures qui varient en fonction des situations.

Il convient ainsi de préciser le droit de reprise et les délais de prescription en premier lieu (section I) et les procédures de redressement en second lieu (section II).

SECTION I. LE DROIT DE REPRISE ET LES DELAIS DE PRESCRIPTION

Avant d'examiner les procédures de redressement, il serait judicieux de délimiter son champ d'application.

Paragraphe I. Le champ d'application

Le redressement est toute action par laquelle, pour une période ou une opération donnée, l'Administration des impôts rectifie les éléments qui ont été ou auraient dû être déclarés par un contribuable, et qui se traduit par une augmentation ou une diminution immédiate ou différée de l'impôt exigible.

Elle est suivie dans tous les cas où l'administration fiscale, ayant constaté une insuffisance, une inexactitude, une omission ou une dissimilation dans les éléments servant au calcul des impôts, souhaite apporter des rectifications aux déclarations faites par les contribuables.

Pour le déroulement de la procédure, l'administration fiscale notifie au préalable une proposition de redressement au contribuable.

---

[106] AGRON L, Histoire du vocabulaire fiscal, L.G.D.J, op. cit. p.243.

Cette notification doit être motivée en faits et en droit de manière à lui permettre de formuler ses observations ou de faire connaître son acceptation. Lorsque l'Administration rejette les observations du contribuable, sa réponse doit être également motivée dans les mêmes conditions. La proposition de redressement est notifiée au contribuable lui-même ou à son représentant légal.

Paragraphe II. Le droit de réponse du contribuable

Le contribuable dispose d'un délai de vingt (20) jours pour répondre à la proposition de rectification faite par l'administration fiscale. L'administration fiscale doit attendre l'expiration du délai de réponse pour mettre en recouvrement l'imposition, faute de quoi celle-ci serait irrégulière. Le droit de réponse du contribuable court à compter de la réception de la proposition de redressement. Il s'agit d'un délai franc qui se décompte abstraction faite du jour où le contribuable a reçu la proposition de redressement et de celui où le délai expire.

SECTION II. LES PROCÉDURES DE REDRESSEMENT

La procédure d'imposition d'office et les procédures spéciales seront tour à tour examinées dans cette section.

Paragraphe I. La procédure d'imposition d'office

Le LPF, par dérogation à l'emploi de la procédure dite normale, donne à l'administration fiscale, dans certains cas, le pouvoir d'établir d'office les impositions supplémentaires. En effet, l'administration peut établir d'office des impositions à la charge des contribuables dans les cas suivants :

- défaut de déclarations et de dépôt d'autres documents destinés à l'établissement de l'assiette de l'impôt ou à l'évaluation des bases d'imposition ;
- défaut de communication des déclarations et autres documents destinés à l'établissement de l'assiette de l'impôt ou à l'évaluation des bases d'imposition ;
- défaut de réponse aux demandes d'éclaircissements et de justifications ou une réponse à ces demandes équivalente à une fin de non-recevoir ;

- défaut de traduction des déclarations en langue officielle ;
- opposition au contrôle fiscal ;
- changement fréquent du lieu de résidence ou de principal établissement sans en informer l'administration ;
- transfert d'activités à l'étranger sans déposer la déclaration de ses résultats ou de ses revenus ;
- défaut de désignation par un non résident au Mali d'un représentant. Cette procédure ne s'oppose pas aux obligations de retenue à la source généralement imposées aux clients résidant au Mali.

Paragraphe II. Les procédures spéciales

Seront successivement abordées les procédures de régularisation spontanée et la procédure de répression des abus de droit.

A. Les procédures de régularisation spontanée

Les contribuables qui font l'objet d'une vérification de comptabilité ont la possibilité, au cours de cette opération de vérification et pour les impôts sur lesquels elle porte, de régulariser les erreurs, inexactitudes, omissions ou insuffisances commises dans les déclarations souscrites dans les délais, moyennant le paiement d'un intérêt de retard.

B. La procédure de répression des abus de droit

L'abus de droit, selon Maurice COZIAN, est le châtiment des surdoués de la fiscalité[107]. La procédure de répression des abus de droit permet à l'administration fiscale d'écarter, comme ne lui étant opposables, les actes constitutifs d'abus de droit, afin d'en restituer le véritable caractère. Toute opération conclue sous la forme d'un contrat ou d'un acte juridique quelconque et dissimulant une réalisation ou un transfert de bénéfices ou de revenus ou de gains effectuée directement ou par personnes interposées n'est pas opposable à l'administration des impôts. Cette dernière a le droit de restituer à l'opération litigieuse son caractère véritable et de déterminer en conséquence les bases d'imposition. Sont considérés comme faisant partie d'une telle

---

[107] COZIAN Maurice, Les grands principes de la fiscalité des entreprises, Quatrième édition-1999, LexisNexis, P.20.

démarche, les conventions de toute nature, les contrats de groupement ou de partenariat par lesquels deux ou plusieurs entreprises affiliées ou non conviennent d'isoler, en tout ou pour partie, les prestations pour constituer des volets distincts dans le cadre de l'exécution d'un marché ou d'un contrat.

C. Le recours à la commission paritaire précontentieuse de conciliation fiscale

Lorsque l'administration fiscale n'accepte pas les observations du contribuable et que le redressement porte sur une question relevant de la compétence de la Commission paritaire précontentieuse de conciliation fiscale, soit de la Commission nationale des Impôts, le désaccord peut être soumis pour avis, à la commission.

La Commission paritaire précontentieuse de conciliation fiscale connaît des désaccords entre le contribuable relevant du régime du réel et l'Administration portant sur des questions de fait relatives à des rappels de droit initiés à la suite d'un contrôle fiscal[108].

La commission est saisie par lettre adressée au Directeur général des Impôts accompagnée de toutes les pièces du dossier[109] si le contribuable souhaite la suspension de la procédure de recouvrement.

Peuvent être soumis à la Commission paritaire précontentieuse de conciliation fiscale, les désaccords d'un niveau au moins égal à 1 % du chiffre d'affaires annuel de l'un des exercices soumis à contrôle et persistant après la confirmation des redressements, s'ils sont relatifs, entre autres, à l'appréciation du caractère excessif ou non du taux d'amortissement pratiqué, aux réparations qui ont ou non pour effet de prolonger, de manière notable, à la durée d'utilisation de biens amortissables, à l'appréciation du caractère probant ou anormal d'un acte de gestion, à l'appréciation du caractère probant ou non d'une comptabilité, la détermination du chiffre d'affaires réalisé par une entreprise, à la valeur probante du mode de comptabilisation des travaux en cours.

---

[108] Elle est saisie du désaccord dans un délai ne pouvant excéder sept (07) jours après la réception de la confirmation des redressements.

[109] Parmi les pièces du dossier figurent les preuves du paiement des droits prévu à l'article 619 du LPF.

CHAPITRE III.

LE CONTENTIEUX FISCAL

L'administration fiscale dispose de pouvoirs importants, tant pour fixer les bases d'imposition que pour rechercher et sanctionner les infractions commises par les contribuables. En contrepartie, les contribuables jouissent de droits et de garanties. Certains consistent dans la possibilité de discuter les évaluations avant que les bases n'en soient définitivement arrêtées (procédure de rectification d'office, de vérification de comptabilité) et dans l'intervention de commission comprenant des représentants des contribuables.

Il existe un autre droit, c'est le droit donné aux contribuables qui s'estiment lésés de solliciter la réparation des erreurs commises à leur détriment.

Il se peut que le contribuable tout en reconnaissant le bien-fondé de l'imposition soit dans l'impossibilité de s'en acquitter en totalité ou en partie. Il peut alors en demander la remise ou la modération auprès de l'administration fiscale.

Au sens strict, le contentieux est un débat entre deux parties, le contribuable et l'administration fiscale, qui expriment des prétentions opposées devant un organe juridictionnel qui mettra fin au litige par une décision exécutoire[110].

Le terme de contentieux fiscal s'entend le plus souvent dans la pratique de celui relatif à l'assiette de l'impôt, car il forme le contentieux le plus fréquent. En matière fiscale, cependant, il existe différents types de contentieux qui diffèrent selon l'objet du désaccord. Aussi, distingue-t-on le contentieux de l'assiette de celui du recouvrement. Le contentieux de l'assiette est relatif au bien-fondé même de l'impôt tandis que le contentieux du recouvrement porte sur les procédures engagées pour en obtenir le paiement. Ces deux catégories n'épuisent pas la totalité, au plan doctrinal, des litiges se rapportant au contentieux fiscal. Il y a lieu d'inclure le contentieux de l'excès de pouvoir et le contentieux de la responsabilité.

---

[110] MEHL et BELTRAME, Science et technique fiscales, op cit. p.683.

En marge du recours contentieux, un autre recours peut être offert au contribuable, celui qui lui permet, dans certaines circonstances, de demander la remise gracieuse de tout ou partie des sommes dont il est redevable.

SECTION I. LE CONTENTIEUX DE L'ASSIETTE

Les litiges portant sur l'assiette de l'impôt ne se règlent pas uniquement par les voies contentieuses au sens strict de ce terme. Des voies administratives de règlement des litiges existent et qui n'excluent pas une intervention ultérieure du tribunal administratif.

Paragraphe I. Les voies administratives

En plus du recours hiérarchique, deux autres voies existent : les recours gracieux et la saisine d'organismes consultatifs.

A. Les recours gracieux

Nous aborderons la demande de remise gracieuse et la transaction.

I. La demande de remise gracieuse

Les recours gracieux tendent à obtenir de l'administration fiscale, en cas de gêne ou d'indigence, une modération ou une remise d'impôt. Le contribuable sollicite du fisc une mesure de faveur que celui-ci n'est nullement tenu de lui accorder. En effet, la demande ne se fonde sur aucun motif de droit.

Les recours gracieux se rapportent pour une large part aux pénalités et rarement sur l'impôt. Ils ne peuvent porter sur une remise d'impôt indirect lorsqu'ils ont pour objet le principal de l'impôt, sauf lorsque le paiement est susceptible de de mettre en péril la survie de l'entité.

Les recours gracieux sont rédigés sous la forme d'une simple lettre timbrée et adressée soit au chef de centre des impôts, au directeur régional des impôts, au directeur général des impôts ou au ministre en charge des finances. Les demandes gracieuses peuvent être présentées à l'Administration des impôts jusqu'au 31 décembre de l'année suivant celle de la mise en recouvrement ou de la connaissance de l'imposition[111].

L'administration fiscale est tenue de statuer sur la réclamation dans le délai de deux (02) mois et notifier sa décision au requérant.

II. La transaction

De par la transaction, peut intervenir une remise ou une modération de la dette fiscale, mais principalement en matière de pénalités.

Elle est une convention conclue entre le contribuable et le fisc dans laquelle ce dernier s'engage à accorder une modération ou une suppression des droits dus par le contribuable. En revanche, le contribuable s'engage à payer dans les délais convenus le montant de la dette fiscale laissée à sa charge. La transaction prive définitivement le contribuable de contester sur le terrain contentieux la partie de la dette restant à sa charge.

Au total, les impositions réglées dans le cadre d'une transaction ont un caractère définitif.

B. La saisine d'organismes consultatifs

Le droit fiscal malien a institué diverses commissions permettant de prévenir ou d'arbitrer des conflits susceptibles d'intervenir entre le contribuable et le fisc. Il s'agit de :

- la Commission nationale des Impôts[112] ;
- la Commission paritaire précontentieuse de conciliation fiscale ;
- la commission nationale de conciliation[113].

La Commission paritaire précontentieuse de conciliation fiscale connaît des désaccords entre le contribuable relevant du régime du réel et l'Administration portant sur des questions de fait relatives à des rappels de droit initiés à la suite d'un contrôle fiscal. Elle est saisie du

---

[111] Article 661 du LPF.
[112] Article 616 du LPF.
[113] Article 630 du LPF.

désaccord dans un délai ne pouvant excéder vingt-un (21) jours après la réception de la confirmation des redressements.

La commission est saisie par lettre adressée au Directeur général des Impôts accompagnée de toutes les pièces du dossier y compris les preuves du paiement des droits prévu à l'article 619-D ci-après du LPF si le contribuable souhaite la suspension de la procédure de recouvrement.

- la Commission nationale de conciliation

Si le prix ou l'évaluation ayant servi de base à la perception du droit proportionnel ou progressif en matière d'enregistrement paraît inférieur à la valeur vénale réelle des biens transmis ou énoncés, l'Administration peut taxer d'office lorsque l'accord sur l'estimation ne s'est pas fait à l'amiable.

Le contribuable conserve la faculté de saisir la Commission Nationale de Conciliation sans préjudice de son droit à réclamation après mise en recouvrement des droits.

Le recours à cette commission est autorisé pour tous les actes ou déclarations constatant la transmission ou l'énonciation :

- de la propriété, de l'usufruit ou de la jouissance de biens immeubles, de fonds de commerce, y compris les marchandises neuves qui en dépendent, de clientèle, de navires, de bateaux ou d'aéronefs ;
- d'un droit à un bail ou du bénéfice d'une promesse de bail portant sur tout ou partie d'un immeuble.

Paragraphe II. La voie contentieuse

Les recours ou réclamation contentieux tendent à obtenir soit la réparation d'erreurs commises dans l'assiette ou le calcul des impositions, soit le bénéfice d'un droit résultant d'une disposition législative, réglementaire, communautaire ou conventionnelle.

La procédure contentieuse est marquée par l'obligation faite au contribuable d'introduire un recours préalable auprès de l'administration, qualifié de réclamation préalable. La phase juridictionnelle est ultérieure à la réclamation préalable.

A. La réclamation préalable

La réclamation préalable étant une phase obligatoire dans la procédure contentieuse, le contribuable ne peut saisir le juge qu'à compter de la décision de l'administration fiscale. La réclamation préalable ne dispense pas, par elle-même, du paiement de l'impôt contesté. Elle n'a pas d'effet suspensif. Néanmoins, le contribuable peut demander à surseoir au paiement, tant de l'impôt que des pénalités s'y rapportant.

Pour être recevables, les réclamations doivent être individuelles, signées et timbrées. Elles doivent, en outre mentionner la contribution contestée, contenir l'exposé sommaire des moyens et des conclusions, être accompagnée d'une copie de l'avertissement ou d'une pièce justifiant de la retenue ou du versement.

B. La phase juridictionnelle

Le tribunal administratif a une compétence exclusive en matière fiscale. Les décisions prises en dernier ressort sont susceptibles de recours devant la juridiction administrative et ce, dans un délai de deux (02) mois à partir du jour de la réception de l'avis portant notification de la décision.

Le juge d'appel des décisions du tribunal administratif est la section administrative de la Cour suprême.

SECTION II. LE CONTENTIEUX DU RECOUVREMENT

En raison de la rareté de ce type de contentieux, il lui sera réservé peu de développement. Les réclamations relatives au recouvrement des impôts, taxes, redevances et sommes quelconques dont la perception incombe à la Direction Générale des Impôts doivent être adressées au comptable assignataire public.

Elles doivent être formulées dans les deux mois de la notification de l'acte lorsqu'il s'agit d'une opposition à l'acte de poursuite ou du premier acte qui permet d'invoquer le motif de la réclamation lorsqu'il s'agit d'opposition à contrainte.

Les réclamations ne peuvent porter que :

- sur la régularité en la forme de l'acte ;
- sur l'existence de l'obligation de payer, sur le montant de la dette compte tenu des paiements effectués, sur l'exigibilité de la somme réclamée ou payée, ou sur tout autre motif ne remettant pas en cause l'assiette et le calcul de l'impôt.

DEUXIEME PARTIE.

LES IMPÔTS DIRECTS

Les impôts directs sont ceux qui frappent le contribuable en raison de ce qu'il gagne ou de ce qu'il possède. Ils sont définitivement supportés par le contribuable. Le CGI classe un certain nombre d'impôts dans cette catégorie. Les impôts directs concernent la fiscalité des entreprises (titre I), la fiscalité foncière (titre II), la fiscalité locale (titre III).

TITRE I. LA FISCALITÉ DES ENTREPRISES

La fiscalité des entreprises désigne l'ensemble des règles fiscales qui s'appliquent aux entreprises. Elle précise les impôts, droits et taxes liés à la création de l'entreprise, son fonctionnement, à sa mutation et à sa disparition. Elle consiste à déterminer dans chaque cas, de façon précise, quels sont les impôts qui sont dus et quel est le montant de l'impôt exigible.

Seront successivement abordés sous ce titre :

- - l'impôt sur les traitements et salaires ;
- - les prélèvements connexes à l'impôt sur les traitements salaires ;
- - l'impôt sur les bénéfices industriels et commerciaux- l'impôt sur les sociétés ;
- - l'impôt sur les revenus de valeurs mobilières ;
- - la contribution des patentes.

CHAPITRE I.

L'IMPÔT SUR LES TRAITEMENTS ET SALAIRES

La première apparition de l'Impôt sur les traitements et salaires (ITS) dans notre système fiscal date de l'année 1999[114]. L'ITS est un impôt d'Etat qui frappe les revenus de salaires[115]. Il est un impôt dont le recouvrement est très facile pour l'administration fiscale à cause du système du tiers payeur[116]. L'ITS est retenu à la source par l'employeur qui le reverse au trésor public. Le salarié n'a aucune obligation fiscale concernant cet impôt, c'est cependant lui qui en supporte la charge.

A travers la technique de la personnalisation, l'ITS prend en compte la dimension de l'équité sociale. La progressivité du barème permet de tenir compte du niveau du salaire.

Pour mieux appréhender l'ITS, il est nécessaire d'examiner les revenus imposables et non imposables, les personnes imposables, le calcul de l'impôt, les obligations des redevables et les sanctions.

SECTION I. LES REVENUS IMPOSABLES ET NON IMPOSABLES

Certains revenus sont soumis à l'impôt et d'autres revenus en sont exonérés. Ces deux aspects seront successivement abordés.

Paragraphe I. Les revenus imposables

Il convient de bien préciser les revenus imposables à l'ITS afin de pouvoir les distinguer des revenus présentant des similitudes avec les traitements et salaires, mais qui sont en fait des bénéfices industriels et commerciaux ou des bénéfices procurés par une activité libérale. Le CGI énonce que les revenus soumis à l'ITS concernent les revenus en numéraire et les avantages en nature.

---

[114] La Loi n°99-011 du 1er avril 1999 portant modification du Code général des impôts supprime l'Impôt général sur le revenu (IGR) et le remplace par l'ITS.
[115] L'ITS remplace depuis le 1er janvier 1999 l'impôt général sur le revenu.
[116] Ce système fait que l'impôt est calculé et payé par l'employeur et amenuise ainsi les cas de fraude.

A. Les revenus en numéraire ou en argent

Les revenus imposables à retenir sont les salaires et traitements proprement dits, les rémunérations versées en raison d'un service passé (pensions, retraites) et les rentes viagères. Les revenus soumis à l'ITS sont ceux en numéraire, en nature auxquels viennent s'ajouter les diverses indemnités et primes et les pensions et rentes viagères.

Il ressort des dispositions du CGI[117] que les revenus visés par l'ITS concernent toutes les sommes payées dans l'année aux salariés par les employeurs publics et privés, directement ou par l'entremise d'un tiers, en contrepartie ou à l'occasion du travail, notamment à titre de traitements[118], indemnités[119], émoluments, commissions, participations, primes, gratifications[120], gages[121], pourboires, c'est-à-dire une somme d'argent remise au salarié par le client de l'employeur pour lequel il a travaillé et autres rétributions quelles qu'en soient la dénomination et la forme.

---

[117] Article 1er du CGI.

[118] « Le traitement est une espèce de rémunération, élément principal de la rémunération des fonctionnaires, celle-ci comprenant en outre différentes indemnités accessoires ; se distinguant en principe du salaire en ce qu'il ne constitue pas la contrepartie d'un travail fourni mais le moyen pour le fonctionnaire de vivre et de tenir un rang en fonction de son grade, le traitement n'en est moins subordonné dans son paiement à l'exercice effectif d'un emploi et à l'exécution préalable d'un service. » CORNU Gérard, Vocabulaire juridique, PUF, 2011, P.1024.

Le salaire se définit comme le prix du contrat de travail : il correspond à la somme due au salarié en contrepartie de sa prestation de travail. Le salaire est généralement composé d'une partie fixe (salaire de base), convenue dans le contrat de travail ou la convention collective publique, à laquelle viennent généralement s'ajouter diverses primes et autres gratifications complémentaires, cet ensemble constituant l'assiette des cotisations de sécurité sociale (salaire brut).

[119] L'indemnité est constituée de « sommes dues en remboursement de dépenses exposées à l'occasion d'un travail ou d'une mission, soit en complément de rémunération, soit à titre principal pour couverture de frais réels. », CORNU Gérard, Vocabulaire juridique, op cit, P.534.

[120] Les gratifications sont des versements faits par un employeur en sus du salaire proprement dit à titre de récompense ou de rémunération exceptionnelle soit spontanément soit en vertu d'un usage ou d'une convention collective.

[121] Nom donné aux salaires de certains employés comme les domestiques, gens de maison, ouvriers agricoles.

B. Les avantages en nature

Le salarié peut bénéficier, en plus de la rémunération qui lui est versée en espèces, d'avantages en nature tels que fourniture de logement, d'eau, d'électricité. Constituent des avantages en nature, les dépenses de logement, y compris le matériel et le mobilier, de consommation d'eau, d'électricité, de téléphone et courrier électronique, domesticité, d'impôts personnels, de transport, y compris les dotations en carburant, à l'exception des transports en commun lorsqu'ils sont pris en charge par l'employeur au profit de l'employé. Les avantages en nature sont imposables à l'ITS. A cet effet, ils sont évalués et leur montant doit s'ajouter au salaire perçu en espèce pour la détermination de la base imposable. Les conditions d'évaluation de ces avantages sont déterminées conjointement par le CGI et les textes réglementaires[122]. Ainsi, le montant imposable des avantages en nature correspond à 50% de leur valeur réelle[123]. Lorsque les avantages en nature ont été accordés en numéraire, leur montant est entièrement imposé.

Paragraphe II. Les revenus exonérés

Les exonérations sont législatives[124] et motivées par diverses considérations. Ainsi, ne sont pas soumises à l'ITS :

- les allocations familiales et les allocations d'assistance à la famille versées par l'Etat et les organismes de prévoyance sociale ;
- les majorations de soldes, d'indemnités ou de pensions attribuées en considération des charges de famille et à condition que tous les salariés de l'entreprise, sans distinction, bénéficient d'une allocation d'un montant identique pour une même situation familiale ;

---

[122] Voyez à ce sujet les dispositions de l'arrêté n°99-0894 / MF-SG du 18 mai 1999 portant modalités d'application des articles 7b et 8 du Code général des impôts et fixation de la valeur imposable des avantages en nature, de l'arrêté n°99-0892/MF-SG du 18 mai 1999 portant modalités de déduction de l'assiette imposable des primes et indemnités versées en complément du salaire ainsi que celles de la lettre circulaire n°0009/SDRC relative à l'assiette des cotisations.

[123] Voyez dans ce sens les dispositions de l'Arrêté n°99-0894/MF-SG.

[124] L'article 3 du CGI fournit la liste des revenus exonérés.

- les indemnités spéciales destinées à couvrir les frais de mission ou de déplacement, les indemnités de risque ou toute autre indemnité dont l'exonération est prévue par un texte réglementaire[125] ;
- la retraite des combattants, les pensions servies aux victimes civiles et militaires de la guerre ou à leurs ayants droit ;
- les rentes viagères et indemnités temporaires attribuées aux victimes d'accidents de travail ;
- les indemnités de licenciement ou de départ à la retraite, dans la limite des montants fixés par le Code du travail.

Après avoir abordé les revenus imposables et non imposables, il convient d'identifier les personnes imposables.

SECTION II. LES PERSONNES IMPOSABLES

En principe, est soumise à l'ITS au Mali, toutes les personnes bénéficiaires des revenus, quels que soient leur statut et leur nationalité, qui résident habituellement au Mali et y exercent une activité salariale rémunérée ou y perçoivent des revenus imposables.

Les personnes domiciliées ou ayant une résidence habituelle au Mali sont également imposables à l'ITS au Mali alors même que l'activité rémunérée s'exercerait hors dudit État ou que l'employeur ou la partie versante serait domicilié ou établi hors de celui-ci. Sont considérées comme ayant une résidence habituelle au Mali :

- les personnes qui y possèdent une habitation à leur disposition à titre de propriétaires, usufruitiers ou locataires lorsque, dans ce dernier cas, la location est conclue soit par convention unique, soit par conventions successives, pour une durée d'au moins 183 jours dans l'année civile ;

---

[125] Voyez dans ce sens les dispositions de la Loi n°82-36/AN-RM du 16 février 1982 portant institution d'une indemnité spéciale en faveur de salariés, les dispositions du Décret n°117/PG-RM du 31 juillet 1974 portant institution d'une indemnité de cherté de vie au profit des fonctionnaires et travailleurs relevant du Code du travail et les dispositions de l'Ordonnance n°91-056/CTSP du 03 septembre 1991 portant institution d'une indemnité spéciale de solidarité.

- les personnes qui, sans disposer au Mali d'une habitation dans les conditions définies à l'alinéa précédent, ont néanmoins au Mali le lieu de leur séjour principal.

Les personnes domiciliées ou résidant hors du Mali sont imposables à l'ITS au Mali, à la double condition que l'activité rétribuée s'exerce dans cet État et que l'employeur ou la partie versante y soit domicilié ou établi. Toutefois, n'est pas imposable au Mali, le contribuable qui ayant son domicile ou sa résidence habituelle dans un État ayant conclu avec le Mali une convention en vue d'éliminer les doubles impositions, justifie y être imposé sur l'ensemble de ses revenus.

Sont également imposables à l'ITS au Mali, les personnes se trouvant en congé hors du Mali, et qui sont visées à l'article 13 du présent CGI. Il en est de même des fonctionnaires ou agents de l'État et des collectivités territoriales servant dans les pays étrangers où ils sont exemptés d'impôt sur le revenu ou d'un impôt similaire en vertu des dispositions des accords internationaux.

Après avoir précisé les personnes imposables, il convient d'aborder le calcul de l'impôt.

SECTION III. LE CALCUL DE L'IMPÔT

Pour la détermination des bases d'imposition, il est tenu compte du montant total net des traitements, salaires, pécules, indemnités, émoluments, primes, gratifications et de leurs suppléments ainsi que de tous autres avantages en argent ou en nature accordés aux intéressés, sous réserve des dispositions de l'article 3.

En ce qui concerne les rémunérations allouées sous forme d'avantages en nature à défaut de bases certaines résultant de quittances, factures, mémoires ou de tout autre document permettant de déterminer la valeur intrinsèque et réelle des avantages concédés, il pourra être retenu les évaluations résultant des diverses conventions collectives, sans toutefois que l'administration soit liée par ces évaluations.

Le montant net du revenu imposable est déterminé en déduisant du montant brut des sommes payées et de la valeur des avantages accordés pendant une année :

- les retenues faites par l'employeur en vue de la constitution de pensions ou de retraites dans la limite de 4 % des salaires bruts. Cependant dans certains cas particuliers, cette limite déductible sera conforme au plafond fixé par les textes législatifs régissant ces domaines ;
- les allocations et indemnités spéciales destinées à couvrir les frais inhérents à la fonction ou à l'emploi effectivement utilisées conformément à leur objet. Toutefois, en ce qui concerne les allocations et indemnités, un Arrêté du Ministre chargé des finances en fixe le maximum déductible.

Le montant de la somme déductible du revenu imposable à titre d'indemnité de dépaysement des cadres salariés expatriés du secteur public ou privé est déterminé par arrêté du Ministre chargé des finances.

Pour appréhender le mode de calcul de l'impôt, il convient de décrire son mécanisme et d'en apporter une illustration.

Paragraphe I. Le mécanisme de calcul

L'ITS est calculé par :

- l'application au revenu imposable des taux d'imposition, conformément au barème décrit au CGI[126] ;
- l'application à l'impôt brut ainsi obtenu des réductions pour charge de famille[127].

Les taux applicables au revenu imposable sont fixés comme suit pour chaque tranche de revenu :

---

[126] Article 10 du CGI.
[127] Article 11 du CGI.

Tranches de revenus	taux	Impôt	Cumul
0 à 330.000	0%	0	0
330.001 à 578.400	5%	12.420	12.420
578.401 à 1.176.400	12%	71.760	84.180
1.176.401 à 1.789. 733	18%	110.400	194.580
1.789.734 à 2.384.195	26%	154.560	349.140
2.384.196 à 3.494.130	31%	344.080	693.220
Au-delà de 3.494.130	37%		

La réduction pour charge de famille applicable à l'impôt brut est déterminée comme suit :

Célibataire, divorcé (e) ou veuf (veuve) sans enfant à charge :	0%
Marié (e) sans enfant à charge :	10%
Par enfant à charge, jusqu'au dixième inclus :	2,5%

L'enfant mineur infirme donne droit à une réduction d'impôt de 10%.

Paragraphe II. L'exercice d'application

Le salaire brut du mois de mars 2020 de Monsieur Traore, cadre supérieur, marié et père de deux enfants à charge, se décompose ainsi :

- salaire de base……………………………..…………320.000 F ;
- indemnité de logement………………………………90.000 F ;
- indemnité de transport………………………………60.000 F ;
- indemnité spéciale de solidarité………………………2000 F ;
- allocations familiales…………………………………3.000 F ;
- heures supplémentaires……………………..…………95.000 F.

Solution :

Détermination des éléments imposables du salaire

A l'exception de l'indemnité spéciale de solidarité et des allocations familiales, tous les autres éléments constitutifs de la rémunération sont passibles de l'ITS. Il convient de noter utilement que les avantages en nature sont imposés pour moitié ; le montant de l'indemnité de transport est plafonné à 10% du traitement de base du salarié.

La rémunération brute imposable est de :

220.000 + (80.000 x 50%) + (60.000 - 22000) + 50.000 = 348.000

Détermination du revenu mensuel net imposable

348.000 – (348.000 x 4%) = 334.080

Le revenu annuel imposable :

334.080 x 12= 4.008.960 soit 4.008.000

Calcul de l'ITS brut

Tranches de revenus	taux	Impôt	Cumul
0 à 330.000	0%	0	0
330.001 à 578.400	5%	12.420	12.420
578.401 à 1.176.400	12%	71.760	84.180
1.176.401 à 1.789. 733	18%	110.400	194.580
1.789.734 à 2.384.195	26%	154.560	349.140
2.384.196 à 3.494.130	31%	344.080	693.220
Au-delà de 3.494.130	37%	190.123	883.352

Calcul du taux de réduction d'impôt

10% + (2,5% x 2) = 15%

Calcul du montant de la réduction d'impôt

883.352 x 15% = 132.503

Calcul du montant de l'ITS

883.352– 132.503 = 750.849

Réduction de deux points de pourcentage

Taux de pression fiscale = ITS annuel net / Revenu annuel imposable soit 750.849

/ 4.008.000 = 0,187338 soit 18,73%

Ce taux, réduit de deux (02) points de pourcentage, donne 16,73%.

L'impôt annuel revient ainsi à :

4.008.000 x 16,73% = 670.691

L'ITS dû par mois :

670.691 / 12 =55.891 F.

Les redevables sont astreints à des obligations dont la violation est sanctionnée.

SECTION IV. LES OBLIGATIONS ET SANCTIONS

La législation fiscale encadre la question des obligations du redevable ainsi que celle des sanctions y afférentes.

Paragraphe I. Les obligations de l'employeur

Les obligations varient selon que l'employeur a son domicile au Mali ou non.

A. Les obligations de l'employeur ou de la partie versante domicilié au Mali

L'employeur ou la partie versante est tenu de retenir l'impôt pour le compte du Trésor[128]. Les retenues afférentes aux paiements effectués pendant un mois déterminé, doivent être déclarées et versées, au plus tard le 15 du mois suivant ou le cas échéant le premier jour ouvrable suivant cette date lorsque celle-ci tombe sur un jour non ouvrable.

[128] Article 413 du LPF.

Les versements peuvent être opérés par tous les modes de libération légaux, versement direct, virement bancaire ou postal.

Le versement doit être effectué au plus tard les quinze des mois d'avril, juillet, octobre et janvier, pour chaque trimestre écoulé lorsque le montant des retenues mensuelles opérées par l'employeur n'excède pas 5.000 FCFA.

Si pour un mois déterminé, le montant des retenues vient à excéder 5.000 FCFA, toutes les retenues faites depuis le début du trimestre en cours doivent être versées au plus tard le 15 du mois suivant.

Le LPF énonce que, « Tout particulier, société, association, Établissement Public à Caractère Industriel ou Commercial, Société d'État et Société d'Économie Mixte occupant au Mali des employés, commis, ouvriers ou auxiliaires, moyennant traitement, salaire ou rétribution, est tenu de déposer dans le courant du mois de janvier de chaque année auprès du service d'assiette territorialement compétent, un état récapitulatif présentant pour chacune des personnes qu'il a occupées au cours de l'année précédente, les indications nécessaires pour le contrôle de l'impôt dû. Ces indications sont prescrites par voie de règlement »[129].

Dans le cas de cession ou de cessation en totalité ou en partie de l'entreprise, l'état visé à l'article 29 du LPF doit être produit, en ce qui concerne les rémunérations payées pendant l'année de la cession ou de la cessation, dans un délai de vingt jours, déterminé comme il est indiqué à l'article 69 du LPF. En cas de décès de l'employeur, la déclaration des traitements et salaires payés par le défunt pendant l'année au cours de laquelle il est décédé doit être souscrite par les héritiers dans les 6 mois du décès et au plus tard le 31 mars de l'année suivante.

B. Les obligations de l'employeur de la partie versante domicilié hors du Mali

Les contribuables domiciliés au Mali, qui perçoivent des personnes physiques ou morales domiciliées ou établies hors du Mali,

[129] Article 29 du LPF.

des sommes passibles de l'impôt, sont tenus de calculer eux-mêmes le montant de la taxe dont ils sont redevables et d'en effectuer le versement à la caisse du receveur du centre des impôts du lieu de leur domicile ou du chef de division recouvrement de la direction des grandes entreprises dans les conditions et délais fixés en ce qui concerne les employeurs.

Paragraphe II. Les sanctions

Les sanctions découlant de l'inobservation des obligations peuvent être deux ordres, à savoir les sanctions liées à l'assiette et les sanctions liées au recouvrement.

A. Les sanctions liées à l'assiette

En cas de défaut de retenue de l'ITS, le contribuable s'expose à une taxation d'office et au paiement d'une amende égale au montant des retenues non effectuées. La même amende est payée par les personnes domiciliées au Mali qui perçoivent une rémunération par des employeurs demeurant hors du Mali si elles n'effectuent pas les versements prévus au titre des retenues ITS.

En cas de minoration ou de calcul inexact, l'amende est égale au double des retenues non versées. Lorsque les retenues ITS ont été régulièrement opérées mais non déclarées et versées à l'administration, l'amende est égale au double de ces retenues.

En cas de retard dans le dépôt de l'état annuel ou d'erreurs commises dans ledit état, l'amende est égale à 5000 f par omission ou inexactitude avec un minimum de 50.000 f pour toute déclaration contenant une omission ou une inexactitude.

B.Les sanctions liées au recouvrement de l'impôt

Les sommes retenues et déclarées dans les délais impartis mais non acquittées ouvrent droit à l'application d'une amende égale à 2% des retenues par mois de retard sans pour autant excéder 20% du montant des droits simples.

CHAPITRE II.

LES PRELÈVEMENTS CONNEXES À L'IMPÔT SUR LES TRAITEMENTS SALAIRES

Les prélèvements connexes à l'impôt sur les traitements salaires (ITS) sont constitués essentiellement par la Contribution forfaitaire à la charge des employeurs (section I) et par la Taxe-logement (section II).

SECTION I. LA CONTRIBUTION FORFAITAIRE À LA CHARGE DES EMPLOYEURS (CFE)

Régie par les articles 159 à 163 du CGI et les articles 93 à 98 du LPF, la Contribution forfaitaire à la charge des employeurs (CFE) est une contribution très simple au plan technique. Le rendement de cette contribution est très limité. Pour savoir le montant de la CFE dû, il convient d'aborder les règles régissant l'assiette, le taux, les obligations et sanctions.

Paragraphe I. L'assiette

La CFE est due par tous les employeurs dont les entreprises sont passibles de l'Impôt sur les bénéfices industriels et commerciaux (Impôt sur les sociétés) ou de l'Impôt sur les bénéfices agricoles.

Sous réserve des éléments de salaire expressément exonérés par le CGI, la base de calcul de la CFE est constituée par le montant brut des rémunérations du travail en espèce ou en nature.

Les exonérations sont temporaires (trois ans au maximum) et visent exclusivement les rémunérations soit à des jeunes diplômés recrutés par l'entreprise, soit à des partants volontaires, victimes de réformes économiques recrutés par un nouvel employeur, soit aux stagiaires placés sous contrat de formation professionnelle, soit aux entreprises agréées au Code des investissements (suivant certaines modalités particulières). Les salaires versés aux compressés pour motif économiques sont exonérés de la CFE pendant une période de deux ans[130].

---

[130] Loi n°90/056/AN-RM du 20 juillet 1990.

Par ailleurs, il est relevé une déduction de la base de la CFE des salaires versés aux stagiaires pendant la durée du stage[131].

Paragraphe II. Le taux

Dans la Loi n°86-50 /AN-RM du 1er mars 1986, le taux de la CFE est ramené de 15% à 7,5%. Celui-ci a été rabaissé par la suite à 5,5%[132]. A l'adoption de la Loi n°08-020 du 22 juillet 2008 portant modification de la Loi n°06-067 du 29 décembre 2006 portant CGI instituant la taxe Emploi-Jeunes[133], le taux de 5,5%a été porté à 3,5%[134] afin de ne pas accroître la charge des entreprises.

Paragraphe III. Les obligations des assujettis et les sanctions

La contribution afférente aux paiements effectués pendant un mois déterminé doit être déclarée dans les 15 premiers jours du mois suivant ou le cas échéant le premier jour ouvrable suivant le quinzième jour dudit mois lorsque celui-ci tombe sur un jour non ouvrable, à la caisse du payeur ou du bureau des recettes du lieu du domicile de la personne ou du siège de l'établissement ou du bureau qui l'a calculée.

Lorsque le montant de la contribution mensuelle n'excède pas 5.000 FCFA la déclaration peut n'être effectuée que dans les 15 premiers jours des mois d'avril, juillet, octobre et janvier pour chaque trimestre écoulé.

Si, pour un mois déterminé, le montant de la contribution vient à excéder 5.000 FCFA la totalité de la contribution due depuis le début du trimestre en cours doit être déclarée dans les 15 premiers jours du mois suivant.

Dans le cas de transfert de domicile d'établissement ou de bureau hors du ressort de la paierie ou du bureau de recettes, ainsi que dans le

---

[131] Voyez dans ce sens l'Ordonnance n°92-022/P-CTSP du 13 avril 1992.
[132] Loi n°06-067 du 29 décembre 2006 portant CGI.
[133] La loi qui a institué la taxe Emploi-Jeunes a été abrogée aux travers les dispositions de l'Annexe fiscale à la loi de finances, exercice 2019.
[134] Article 160 (nouveau) du CGI.

cas de cession ou de cessation d'entreprise, la contribution due doit être immédiatement déclarée.

En cas de décès de l'employeur, la contribution due doit être déclarée par les héritiers dans les 15 premiers jours du mois suivant celui du décès.

Chaque versement est accompagné d'une déclaration datée et signée de la partie versante indiquant la période pour laquelle la contribution a été calculée, la désignation, l'adresse et la profession de la personne physique ou morale qui l'a calculée ainsi que son montant.

Le montant des versements constatés au nom de chaque employeur fera l'objet par l'inspecteur des impôts, au fur et à mesure de la réception des déclarations formant avis de recouvrement, d'un relevé nominatif tenant lieu de rôle provisoire et donnera lieu, à chaque fin de mois, à l'établissement d'un rôle de régularisation dans les conditions prévues par la réglementation en vigueur.

L'employeur qui souscrit après les délais fixés aux articles 93 à 96 du présent Livre la déclaration relative à la contribution forfaitaire est passible d'une amende égale à 50 % de l'impôt dû d'après cette déclaration sans préjudice de la majoration pour retard de paiement. Le simple retard dans le versement de la contribution forfaitaire entraîne la perception d'une amende fiscale de 2 % par mois de retard, calculée à compter de la date d'exigibilité de l'impôt, toute fraction de mois étant considérée comme un mois entier[135]. Cette amende est portée à 100 % si la déclaration est déposée après intervention du service ou en cas de taxation d'office. Les omissions et inexactitudes constatées dans les déclarations relatives à la contribution forfaitaire sont sanctionnées par une amende égale à 100 % des droits compromis.

SECTION II. LA TAXE-LOGEMENT

La taxe-logement est une taxe spéciale dont la liquidation, l'émission, le recouvrement, le contrôle et le contentieux sont confiés à la DGI qui les assure en relation avec l'agent comptable du Fonds

---

[135] Article 302 du LPF.

national de Logement (Office malien de l'Habitat) selon les mêmes règles que celles applicables en matière de CFE[136].

A la charge réelle et effective de l'employeur, la taxe-logement constitue une charge pour la détermination du résultat de l'entreprise[137].

L'étude de la taxe-logement peut se faire à travers l'examen des règles d'assiette et de liquidation ainsi que celles ayant trait au recouvrement, au contrôle et aux sanctions.

Paragraphe I. Les règles d'assiette

Les règles d'assiette portent sur l'identification des personnes imposables et la détermination de la base taxable.

A. Les personnes imposables

Tous particuliers, sociétés, groupements ou associations passibles de l'impôt sur les bénéfices industriels et commerciaux sont assujettis au paiement de la taxe-logement. Le texte qui a institué la taxe-logement ne prévoit pas l'éventualité d'une exonération. Cependant, les protocoles d'accord conclus entre le Mali et les partenaires signés dans le cadre d'une convention d'établissement sont appliqués. Le fait générateur est constitué par l'allocution à un ou des employés, des rémunérations, traitements, salaires et indemnités par tout employeur

B. La base taxable

Sont taxables à la taxe-logement toutes rémunérations, traitements, salaires, indemnités versées à l'ensemble de leur personnel par les employeurs publics et privés.

Paragraphe II. La liquidation et le recouvrement

La base de la taxe-logement est la même que celle de la CFE. Cependant, la taxe-logement n'est pas liée à la CFE. L'exonération d'un

[136] Voyez dans ce sens les dispositions de l'Arrêté n°94-9629/MFC-SG du 11 octobre 1994 fixant les modalités de perception de la taxe-logement.

[137] Les produits de la taxe-logement alimentent le budget de l'Office malien de l'Habitat pour la mise en œuvre de la politique du logement.

employeur à la CFE ou tout autre impôt n'implique aucunement celle de la taxe-logement[138].

La Taxe-logement dont le taux est fixé à 1% de la masse salariale brute totale supportée par les employeurs publics et privés. Le montant de la taxe s'obtient en multipliant la base par le taux.

Les déclarations se font dans les mêmes conditions que la CFE. La contribution afférente aux paiements effectués pendant un mois déterminé doit être reversée dans les 15 premiers jours du mois suivant.

Paragraphe III. Le contrôle et les sanctions

Les sanctions prévues en matière d'assiette et de recouvrement de la CFE sont étendues à la taxe-logement.

Les règles et les procédures relatives au contentieux des impôts directs sont applicables en matière de taxe-logement.

Exercice d'application :

Le montant total des salaires bruts versés par une entreprise à son personnel au cours du mois de juillet 2019 s'élève à : 2.000.000 F

Pendant le mois de juin 2019 cette entreprise a procédé à divers recrutements dont :

- deux jeunes diplômés âgés respectivement de 37 et 29 ans à la date d'embauche et totalisant une masse salariale brute de 200.000 F ;
- trois salariés licenciés pour motif économique dont la masse salariale brute s'élève à 350.000 F ;
- un stagiaire dont l'allocation mensuelle brute se chiffre à 30.000 F.

[138] La taxe-logement n'admet pas d'exonération. Cependant, les protocoles d'accord conclus entre le Gouvernement de la République du Mali et tout partenaire dans le cadre d'une convention d'établissement peuvent admettre des exonérations à la taxe-logement.

Base taxable à la Contribution forfaitaire à la charge des employeurs au titre du mois de juillet 2019 :

Base : 2.000.000 F – (350.000 F + 200.000 + 30.000) = 1.420.000 F.

Calcul du montant de la CFE : 1.420.000 F x 3,5% = 49.700 F.

Base soumise à la taxe-logement au titre du mois juillet 2019

Base : 2.000.000 F

Calcul de la taxe-logement : 2.000.000 F x 1%= 20.000 F.

CHAPITRE III.

L'IMPÔT SUR LES BÉNÉFICES INDUSTRIELS ET COMMERCIAUX

L'impôt sur les bénéfices industriels et commerciaux (IBIC) est un impôt d'Etat régi par les articles 43 à 98 du CGI et les articles 53 à 81 du LPF. Cette cédule d'imposition vise tous les revenus provenant d'une activité lucrative, qu'elle soit commerciale, industrielle, artisanale ou libérale et qui n'est pas visée par une autre cédule d'imposition. Le taux d'imposition est de 30% avec un minimum d'imposition de 1% du chiffre d'affaires.

L'impôt sur les sociétés (IS) remplace l'IBIC et vise l'ensemble des revenus gagnés par la société. Il est régi par les mêmes règles et principes applicables à l'IBIC. Sont passibles de l'IS, les sociétés de capitaux, les sociétés et entreprises d'Etat, les sociétés et entreprises mixtes.

L'étude de cette cédule peut se limiter pour l'essentiel à l'examen du champ d'application (section I), de la détermination du bénéfice imposable (section II), de l'établissement de l'imposition (section III), des obligations des contribuables (section IV).

SECTION I. LE CHAMP D'APPLICATION DE L'IBIC/IS

Examiner le champ d'application de l'IBIC/IS conduit à aborder le champ d'application en ce qui concerne les bénéfices imposables et le champ d'application au regard du lieu de réalisation du bénéfice ainsi que les exemptions et le taux réduit.

Paragraphe I. Les bénéfices imposables

Sont imposés dans cette catégorie, les bénéfices provenant d'une activité commerciale, industrielle, artisanale ou même libérale. Toutefois, le CGI prévoit des exonérations et exemptions et une réduction du taux, prévue par les dispositions du Code minier et du Code des investissements. Aussi, convient-il de préciser les bénéfices imposables.

A. Les bénéfices provenant de l'exercice d'une profession industrielle ou commerciale

On peut noter les activités commerciales proprement dites qui consistent à acheter des biens meubles ou immeubles en vue de la revente ou de la location sans leur faire subir de transformation[139], les industries de transformation[140] , les banques et assurances, les entreprises de transport, les industries extractives, les activités des agents d'affaires, commissionnaires et courtiers, les établissements qui fournissent la nourriture et le logement[141].

B. Les bénéfices provenant de l'exercice d'une activité artisanale et de l'exercice d'une activité libérale

L'artisan étant celui qui exerce à ses risques et périls une industrie manuelle, travaillant lui-même comme ouvrier, en général avec des matières premières lui appartenant et rarement à façon[142].

L'artisan cherche essentiellement à réaliser la valeur de son travail personnel et ne fait pas de la matière un objet de spéculation.

Les bénéfices provenant d'une activité libérale[143] ou ceux réalisés par les titulaires de charges et offices[144].

Les bénéfices réalisés par les sociétés de capitaux sont quelle que soit l'activité de ces sociétés imposables dans la catégorie des bénéfices industriels et commerciaux. Pour être imposable, l'activité doit se rattacher au Mali.

Paragraphe II. La territorialité de l'IBIC/IS

L'impôt est dû à raison des bénéfices réalisés par les personnes physiques ou morales qui disposent d'un établissement stable au Mali. Dès lors, il y a lieu d'aborder la notion de territorialité avant d'en tirer

[139] Commerçants grossistes, demi-grossistes, détaillants.
[140] Fabrique de meubles, de matériels agricoles.
[141] Hôtels et restaurants.
[142] Tisserand, tailleur, par exemple.
[143] Avocats, architectes, expert-comptable, par exemple.
[144] Notaire, huissier, commissaire-priseur, par exemple.

les conséquences quant aux bénéfices imposables et aux bénéfices non imposables.

A. La notion de territorialité

La notion de territorialité renvoie à la délimitation du champ géographique d'application de l'IBIC / l'IS. Elle permet de savoir dans quel pays les bénéfices réalisés par une entreprise doivent être imposés, en fonction du lieu où ces bénéfices ont été produits.

La territorialité de l'impôt signifie que seuls les bénéfices réalisés à l'intérieur du territoire national sont soumis à l'impôt, tandis que les bénéfices provenant de l'étranger ne le sont pas[145]. Elle est un principe fondamental du droit fiscal fondé sur le lien entre l'activité économique et le territoire de la juridiction fiscale qui en retient sa compétence. A cet effet, l'administration fiscale retient plusieurs critères, notamment le lieu de l'exploitation, l'établissement stable[146].

B. Les incidences de la territorialité

Les incidences concernent les effets concrets du principe selon lequel un Etat n'impose que les bénéfices réalisés à l'intérieur de son territoire. Ainsi, les bénéfices provenant d'activités exercées à l'étranger sont en principe exclus de l'assiette de l'impôt sur les bénéfices au Mali. A l'inverse, les bénéfices réalisés sur le territoire malien par des entreprises étrangères sont imposables au Mali. Par exemple, une entreprise belge ayant un établissement stable doit acquitter l'impôt au Mali sur les bénéfices tirés de cet établissement. Une entreprise étrangère n'est imposable dans un Etat que si elle y dispose d'un établissement stable.

---

[145] Les termes entreprises exploitées au Mali, employés à l'article 44 du CGI, permettent d'élargir le champ de l'impôt sur les bénéfices. L'article 44, afin de mobiliser davantage de ressources, a introduit la notion de cycle commercial complet dans le but d'imposer, sous réserve de convention fiscale de non double imposition, les bénéfices provenant du commerce électronique réalisés par un assujetti non résident qui ne possède point d'établissement stable au Mali.

[146] L'établissement stable est défini à l'article 44 bis du CGI. Selon cet article, l'établissement stable est une installation fixe d'affaires par l'intermédiaire de laquelle une entreprise exerce tout ou partie de son activité.

L'administration doit déterminer la part du bénéfice fiscal rattachable au territoire national, ce qui peut être complexe pour les entreprises transnationales. Cela exige des règles robustes pour encadrer les prix de transfert[147] pour éviter l'érosion de la base imposable à travers la manipulation des bénéfices entre entités liées.

Nonobstant la territorialité, certains bénéfices sont exonérés de l'impôt même réalisés à l'intérieur du territoire national.

Paragraphe III. Les exemptions et réduction du taux

Les exemptions sont motivées par des raisons économiques ou sociales. Il convient de rappeler que l'exonération s'applique essentiellement aux activités et l'exemption aux personnes physiques ou morales. A ce sujet, observaient le Professeur SAWADODO et Monsieur DEMBELE, « au plan fiscal, les activités et les personnes sont les deux facettes d'une même réalité, d'où l'utilisation invariable de ces vocables»[148]. Dans la pratique, l'exonération et l'exemption sont interchangeables.

A. Les exemptions

Les personnes exemptées de l'impôt sont énoncées par le CGI[149]. Les personnes ci-dessous sont exemptées :

- les sociétés coopératives de consommation qui se bornent à grouper des commandes de leurs adhérents et à distribuer dans leurs magasins de dépôts les denrées, produits ou marchandises qui ont fait l'objet de ces commandes ;
- les offices publics d'habitations économiques ;
- les caisses de crédit agricole mutuel ;

---

[147] Les prix de transfert sont encadrés par les dispositions des articles 81 et suivants du CGI.

[148] SAWADOGO Filiga Michel et DEMBELE Salifou, Précis de droit fiscal burkinabè, op. cit. p.146.

[149] Le CGI, l'article 47 (nouveau) consacre la transposition de l'article 11 de la directive n°01/2008/CM/UEMOA du 26 septembre 2008 portant harmonisation des modalités de déterminations du résultat imposable des personnes morales au sein de l'UEMOA.

- les sociétés de prévoyance, sociétés coopératives agricoles, association d'intérêt général agricole, sociétés d'assurances et de réassurances mutuelles agricoles ;
- les sociétés de secours mutuels ;
- les établissements publics à but non lucratif de l'Etat ou des collectivités décentralisées ;
- les collectivités locales, les syndicats de communes ainsi que leurs régies de services publics à but non lucratif ;
- les chambres de commerce, d'industrie, d'artisanat, d'agriculture et des métiers lorsqu'elles ne se livrent pas à des activités de nature commerciale ;
- les associations et organismes sans but lucratif légalement constitués et dont la gestion est désintéressée ;
- les sociétés d'investissement à capital fixe et variable pour la partie des bénéfices provenant des produits nets de leur portefeuille ou des plus-values qu'elles réalisent sur la vente des titres ou des parts sociales faisant partie de ce portefeuille.

Sont aussi exemptés de l'IBIC, les assujettis à l'impôt synthétique.

B. Les réductions de taux

Le Code des investissements[150] énonce un taux réduit de 25% applicable aux bénéfices des entreprises agréées. De même, le Code minier[151] prévoit un taux réduit de 25% applicable aux bénéfices des entreprises minières. Ces réductions de taux, limitées dans le temps, impulsent le développement économique et social. Une fois les contenus du champ d'application précisés, l'analyse peut se poursuivre avec l'étude des règles encadrant la détermination du bénéfice imposable, élément central du calcul de l'assiette fiscale.

SECTION II. LA DÉTERMINATION DU BÉNÉFICE IMPOSABLE

Selon la formule empruntée au Professeur F.M. SAWADOGO et à Monsieur S. DEMBELE, la détermination du bénéfice imposable est

---

[150] Loi n°2012-016 du 27 février 2012 portant Code des investissements.

[151] Loi n°2023-040 du 29 août 2023 portant Code minier en République du Mali.

« le problème le plus important mais aussi le plus délicat ».[152] Elle conduit à l'examen des règles générales, à l'identification des produits de l'entreprise mais aussi à celle des charges déductibles de l'entreprise et à la détermination du bénéfice imposable.

Paragraphe I. Les règles générales

La détermination du bénéfice imposable ou du déficit si l'activité de l'entreprise se traduit par un résultat négatif met en œuvre un certain nombre de règles ou de notions générales, notamment la période d'imposition (A), le bénéfice net imposable (B).

A. La période d'imposition

Les contribuables font l'objet chaque année d'une imposition établie au titre de l'année précédente, conformément au principe de l'annualité de l'impôt. L'exercice comptable coïncide avec l'année civile. Toutefois, la durée de l'exercice est exceptionnellement inférieure à douze mois pour le premier exercice débutant au cours du premier semestre de l'année civile. Cette durée peut être supérieure à douze mois pour le premier exercice commencé au cours du deuxième semestre de l'année. Si l'exercice clos au cours de l'année précédente s'étend sur une période de plus ou moins de douze mois, l'impôt est néanmoins établi d'après les résultats dudit exercice.

Si aucun bilan n'est dressé au cours d'une année quelconque, l'impôt dû au titre de l'année suivante est établi sur les bénéfices de la période écoulée depuis la fin de la dernière période imposée ou dans le cas d'entreprise nouvelle, depuis le commencement des opérations jusqu'au 31 décembre de l'année suivante. Lorsqu'il est établi des bilans successifs, au cours d'une même année, les résultats en sont totalisés pour l'assiette de l'impôt dû au titre de l'année suivante[153].

Avec l'adoption de l'Acte uniforme relatif au droit comptable et à l'information financière, il y a lieu de retenir désormais l'année civile comme base d'imposition du bénéfice.

---

[152] SAWADOGO F. M et DEMBELE S, Précis de droit fiscal burkinabè, op. cit.
[153] Voyez dans ce sens l'article 48 du CGI.

B. Le bénéfice net imposable

Le bénéfice imposable, servant de base à l'impôt, est le bénéfice net déterminé d'après les résultats d'ensemble des opérations de toute nature effectuées par l'entreprise, y compris, notamment, les cessions d'éléments quelconques de l'actif, soit en cours, soit en fin d'exploitation[154]. Il présente deux caractères.

D'abord, c'est le résultat final de l'activité de l'entreprise, compte tenu des charges qu'elle a exposées pour acquérir et conserver ce bénéfice. Ensuite, c'est un bénéfice réalisé, c'est-à-dire un bénéfice dont le montant est apprécié avant toute affectation.[155] L'impôt est dû à partir du moment où un bénéfice est réalisé. De ce second caractère, il en découle une conséquence majeure : toutes les opérations génératrices de gains ou de pertes doivent entrer en ligne de compte dès qu'elles sont réalisées.

Le bénéfice net est constitué par la différence entre les valeurs de l'actif net à la clôture et à l'ouverture de la période dont les résultats doivent servir de base à l'impôt diminuée des suppléments d'apports et augmentée des prélèvements effectués au cours de cette période par l'exploitant ou par les associés.

L'actif net s'entend de l'excédent des valeurs d'actif sur le total formé au passif par les créances des tiers, les amortissements et les provisions justifiées[156].

Il convient de relever que le bénéfice net imposable ne correspond pas obligatoirement au bénéfice net comptable donné par le solde du compte Pertes et Profits. Pour la détermination du bénéfice imposable certaines règles propres au droit fiscal doivent être observées. Ainsi, si en comptabilité un contribuable est autorisé d'amortir ses immobilisations comme il l'entend ou de porter en charge tous ses impôts, y compris l'IBIC / IS, au plan fiscal, il est obligé pour le calcul des amortissements déductibles de se soumettre aux prescrites dans le CGI et d'exclure de ses charges impôts, notamment l'IBIC/IS. Dans ces

---

[154] Voyez dans ce sens l'article 49 du CGI.
[155] L'impôt est prélevé avant toute constitution de réserve ou avant toute distribution.
[156] Article 50 du CGI.

conditions, le bénéfice imposable est souvent différent du bénéfice comptable : le plus souvent il lui est supérieur, mais il peut aussi, quoique plus rarement, lui être inférieur.

On part toutefois du bénéfice net comptable pour calculer le bénéfice imposable : on procède alors soit à des réintégrations[157] soit à des déductions[158] pour obtenir le bénéfice imposable.

Le bénéfice imposable est établi sous déduction de toutes les charges remplissant les conditions énoncées au CGI[159].

Paragraphe II. Les produits de l'entreprise

Les produits de l'entreprise comprennent :

- les produits d'exploitation générés par l'activité normale de l'entreprise ;
- les produits accessoires[160] ;
- les produits exceptionnels[161].

Les produits et profits divers sont composés des ventes de marchandises, de déchets, de ristournes, des rabais ou remises obtenues, des produits accessoires[162], des produits financiers, des travaux faits par l'entreprise pour elle-même, des travaux ou produits en cours. Les créances relatives à ces produits ou profits doivent être comptabilisées au titre de l'exercice dès lors qu'elles sont acquises, c'est-à-dire certaines dans leur principe et déterminées dans leur montant.

L'étude des produits et les profits de l'entreprise conduit fondamentalement à l'examen des questions de l'évaluation des stocks, du régime des plus-values, de la réévaluation du bilan, du traitement des revenus de valeurs mobilières.

---

[157] On ajoute certaines sommes au bénéfice comptable.
[158] On retranche certaines sommes du bénéfice comptable
[159] Alinéa 2 de l'article 49 (nouveau) du CGI.
[160] Revenus des immeubles inscrits au bilan, revenus de valeurs mobilières, par exemple.
[161] Produits de cession d'éléments de l'actif immobilisé, par exemple.
[162] Ne provenant pas de l'activité principale.

A. L'évaluation des stocks

Les stocks comprennent l'ensemble des marchandises, matières premières, produits finis, produits en cours de fabrication appelés travaux en cours, approvisionnements divers qui sont la propriété de l'entreprise à la date de l'inventaire. Les stocks doivent être évalués au prix de revient ou au cours du jour de la clôture de l'exercice si ce cours est inférieur au prix de revient. Les travaux en cours sont évalués au prix de revient[163].

B. Les plus-values : les gains exceptionnels

La plus-value est définie comme la « valeur prise positivement par un bien au cours d'une période donnée par rapport à sa valeur d'acquisition ou le plus souvent par rapport à sa valeur comptable ». On l'oppose aux produits ou revenus qui sont l'aboutissement d'une combinaison de biens et d'activités. A contrario, lorsque le bien en question n'a pas pris de valeur positive, on parle de moins-value.

Les plus-values sont relativement liées aux phénomènes d'érosion monétaire. Elles font partie des résultats imposables et les moins-values sont des pertes à déduire du résultat. Ainsi, les plus-values réalisées à l'occasion de la cession d'un élément de l'actif de l'entreprise comme les bâtiments, terrains, matériels, véhicules soit en cours soit en fin d'exploitation constitue un profit imposable. Elle est égale à la différence entre le prix de vente et la valeur comptable de l'élément cédé.

Exemple : Prix de revient de l'élément cédé : 500 000 F

Amortissement pratiqué jusqu'au jour de la cession : 100.000 F

Valeur comptable : 400.000 F

Si le prix de cession est de : 600.000 F

La plus-value sera de : 200.000 F.

---

[163] Article 61 du CGI.

Les plus-values provenant de la cession, en cours d'exploitation, d'éléments de l'actif immobilisé ne sont pas comprises dans le bénéfice imposable de l'exercice au cours duquel elles ont été réalisées si, dans la déclaration des résultats dudit exercice, le contribuable a pris l'engagement de réinvestir en immobilisations dans ses entreprises situées dans un ou plusieurs États membres de l'UEMOA une somme égale au montant de ces plus-values ajoutées au prix de revient des éléments cédés. Ce réinvestissement doit avoir lieu dans les trois ans qui suivent la clôture de l'exercice au cours duquel les plus-values ont été réalisées.

Au cas où ces conditions ne sont pas satisfaites, les plus-values sont rapportées au bénéfice imposable de l'exercice au cours duquel a expiré le délai de trois ans.

Par cette exonération, il s'agit d'accorder à l'entreprise un avantage de trésorerie non négligeable et qui peut l'amener à réinvestir.

Exemple : Achat d'un camion en 2022 : 45.000.000 F

Amortissement pratiqué jusqu'au 31 décembre 2024 : 25.000.000 F

Valeur comptable : 20.000.000 F

Vente en 2025 pour : 25.000.000 F

Plus-value : 5.000. 000 F.

Cette plus-value est exonérée si l'entreprise s'engage à réinvestir avant le 31 décembre 2028 une somme de : 45.000.000 F + 5.000.000 F.

C. La réévaluation du bilan

Les éléments de l'actif immobilisé peuvent connaître une variation importante de leurs valeurs en fonction de l'écoulement du temps. Cette variation concerne ceux qui ont une longue durée de vie, notamment les terrains et les constructions. De ce fait, un écart plus ou moins grand va s'instaurer entre les valeurs comptables et les valeurs réelles. Or, la comptabilité devrait donner une photographie fidèle de la réalité, d'où la nécessité de la réévaluation

En cas de hausse importante des prix de gros industriels, un décret pris en Conseil des Ministres pourra autoriser les entreprises passibles de l'Impôt sur les Bénéfices Industriels et Commerciaux à procéder à la réévaluation de certains éléments de leur bilan.

Sont autorisées à procéder à la réévaluation de leur bilan, les personnes physiques et les personnes morales qui exercent une activité industrielle, commerciale, agricole ou artisanale, qui sont soumises à l'Impôt sur les bénéfices industriels et commerciaux, à l'Impôt sur les Sociétés[164] suivant le régime réel. Ces personnes ont la faculté de procéder à la réévaluation de leurs immobilisations corporelles amortissables, non entièrement amorties, sous réserve qu'elles figurent au bilan d'ouverture de l'exercice comptable qui sera retenu par le décret fixant les modalités d'application de la réévaluation.

Ce privilège s'applique également aux immobilisations de même nature acquises ou créées entre le premier jour de l'ouverture de l'exercice et la date de l'événement qui motive la décision de réévaluer.

Sont exclues du bénéfice de la réévaluation les sociétés de fait[165], les entreprises en liquidation[166], quelle que soit leur forme juridique.

La mise en œuvre de la réévaluation est subordonnée à la réalisation simultanée des deux conditions ci-après :

- l'existence d'un décret pris en Conseil des Ministres autorisant la réévaluation des bilans ; ce décret fixe les modalités particulières de la réévaluation ainsi décidée.
- la tenue d'une comptabilité complète conformément aux règles prescrites en la matière au Mali.

---

[164] Elle peut concerner aussi les entreprises soumises à l'impôt sur les bénéfices agricoles.

[165] Voyez la notion de société de fait dans l'Acte uniforme relatif au droit des sociétés commerciales et du groupement d'intérêt économique adopté dans le cadre de l'OHADA.

[166] Voyez la notion de liquidation d'entreprise dans l'Acte uniforme relatif aux procédures collectives d'apurement du passif adopté dans le cadre de l'OHADA.

Paragraphe III. Le charges de l'entreprise

A la différence des produits, les charges déductibles font l'objet d'une réglementation « plus pointilleuse »[167] aux fins d'éviter le gonflement ou l'exagération des charges voire des transferts indirects de bénéfices. La liste est fournie par le CGI[168]. Pour être déductibles, les charges doivent remplir les conditions[169] ci-après :

- être exposées dans l'intérêt direct de l'entreprise ou se rattacher à la gestion normale de l'entreprise ;
- correspondre à une charge effective et être appuyée de justifications suffisantes ;
- se traduire par une diminution de l'actif net de l'entreprise ;
- être comprises dans les charges de l'exercice au cours duquel elles ont été engagées ;
- concourir à la formation d'un produit non exonéré d'impôt sur le bénéfice[170].

Ne sont pas considérées comme charges déductibles les transactions, amendes, confiscations, pénalités de toute nature. Aussi, convient-il d'aborder les frais généraux autres que les amortissements et provisions.

A. Les frais généraux

Le CGI ne fournit aucune définition des frais généraux. En l'absence d'une définition légale, les frais généraux sont définis comme les dépenses nécessaires au bon fonctionnement de l'entreprise. En pratique, la notion de frais généraux regroupe toutes les charges à l'exception des achats de marchandises et de matières premières ainsi que leur variation de stock, les amortissements et les provisions. Ils doivent donc se rattacher à la gestion de l'entreprise d'où l'exclusion

---

[167] SAWADOGO F M, DEMBELE S, Précis de droit fiscal burkinabè, Collection précis de droit burkinabè, op cit. 2005, p.159.

[168] CGI, Article 51 (nouveau).

[169] Ces conditions ont pour objet la protection de l'assiette de l'impôt sur les bénéfices.

[170] Cette condition est conforme à la Directive n°01/2008/CM/UEMOA du 28 mars 2008 qui prévoit qu'une charge doit concourir à la formation d'un produit non exonéré d'impôt sur les bénéfices pour être déductible.

des dépenses personnelles comme le loyer de la maison occupée par le contribuable ou les dépenses exposées pour l'entretien de la famille du contribuable.

Parmi les frais généraux, on peut noter, entre autres, les frais de siège, les impôts mis à la charge de l'entreprise à l'exclusion de l'IBIC / IS, les dépenses de personnel, de main d'œuvre, les indemnités de fonction allouées aux mandataires sociaux, le loyer des biens meubles et immeubles dont l'entreprise est locataire, le loyer versé par le crédit preneur pour la partie représentant les charges d'intérêt.

Font également partie des frais généraux, les charges suivantes, à la condition que le débiteur apporte la preuve que les dépenses correspondent à des opérations réelles et qu'elles ne présentent pas un caractère anormal ou exagéré :

- les redevances de cession ou de concession de licences d'exploitation, de brevets d'invention, de marques de fabrique, de procédés ou formules de fabrication et autres droits analogues ;
- les frais d'assistance technique ;
- les intérêts, arrérages et autres produits des obligations, créances, dépôts et cautionnements ou les rémunérations de services, payés ou dus par un contribuable domicilié ou établi au Mali à des personnes physiques ou morales domiciliées ou établies dans un État étranger ou un territoire situé hors du Mali.

Sont également admis comme charges déductibles les amortissements et provisions. Les développements qui suivront seront consacrés aux amortissements et aux provisions.

B. Les amortissements

Le bénéfice net est établi sous déduction des amortissements réellement effectués par l'entreprise. Les amortissements ont pour but de constater une dépréciation des éléments de l'actif immobilisé résultant de l'usure ou du temps. L'amortissement est « la déduction comptable opérée au cours de chaque exercice sur le bénéfice des entreprises pour tenir compte de la dépréciation des éléments immobilisés de leur patrimoine ».

Les amortissements fiscaux représentent une part essentielle de l'autofinancement des entreprises. Du point de vue fiscal, les amortissements permettent la réalisation d'une économie d'impôt. Les amortissements linéaires effectivement comptabilisés viennent en déduction du bénéfice imposable. Les biens donnés en location dans le cadre d'une opération de crédit-bail peuvent être amortis.

Les amortissements ne sont déductibles que lorsqu'ils :

- sont pratiqués par le propriétaire de l'élément d'actif ;
- correspondent à une dépréciation effective ;
- sont constatés en comptabilité et figurent sur un relevé spécial.

Ainsi les biens loués par l'entreprise qui ne se déprécient pas ne peuvent faire l'objet d'amortissement.[171]

Les modes d'amortissement[172] sont :

I. L'amortissement linéaire

L'amortissement linéaire est la règle. C'est ce que traduisent les dispositions de l'article 51 in fine.

Exemple :

Sachant que l'exercice comptable d'une entreprise est clos chaque année le 31 décembre, dresser le tableau d'amortissement d'une machine acquise le 1er janvier 2010 au prix de 3.700.000 francs et utilisée pour des opérations industrielles de fabrication et prévue pour une durée d'utilisation de 10 ans.

II. L'amortissement accéléré

Les matériels et outillages neufs peuvent faire l'objet d'un amortissement accéléré à la double condition d'être utilisés exclusivement pour les opérations industrielles de fabrication, de

---

[171] Il s'agit de terrains, de titres, de fonds de commerce.

[172] L'Acte uniforme portant organisation et harmonisation des comptabilités des entreprises, adopté dans le cadre de l'Organisation pour l'harmonisation en Afrique du droit des affaires a introduit deux autres modes d'amortissement dont l'amortissement économique.

manutention, d'hôtellerie, de téléphonie, de transport ou d'exploitation agricole et d'avoir une durée de vie supérieure à 5 ans.

Le système consiste à doubler le montant de la première annuité d'amortissement, calculé d'après la durée d'utilisation normale du bien. La durée d'amortissement du matériel ou de l'outillage est réduite d'une année.

Exemple :

Sachant que l'exercice comptable d'une entreprise est clos chaque année le 31 décembre, dresser le tableau d'amortissement d'une machine acquise le 1er janvier 2010 au prix de 3.700.000 francs et utilisée pour des opérations industrielles de fabrication et prévue pour une durée d'utilisation de 10 ans.

III. L'amortissement dégressif

Les entreprises imposées suivant le régime du bénéfice réel sont autorisées à amortir suivant le système dégressif leurs matériels et outillages neufs. Le taux d'amortissement est obtenu par l'affectation au taux d'amortissement normal d'un coefficient fixé en fonction de la durée de vie du bien :

- 1,5 lorsque la durée normale d'utilisation est de trois ou quatre ans ;
- 2 lorsque la durée d'utilisation est de cinq ou six ans ;
- 2,5 lorsque la durée d'utilisation est supérieure à six ans.

Les immobilisations autres que les matériels et outillages qui ne sont pas neufs au moment de leur acquisition et ceux dont la durée d'utilisation est inférieure à trois ans ne peuvent pas faire l'objet d'un amortissement dégressif.

Exemple :

Une entreprise arrête son exercice le 31 décembre de chaque année. Le 1er janvier 2010, elle a acquis une machine-outil pour 15 millions de francs dont la durée d'utilisation est prévue pour 8 ans. Déterminer le taux d'amortissement dégressif.

C. Les provisions

Les entreprises peuvent constituer des provisions destinées à faire face à des pertes ou charges que des événements en cours rendent probables : provision pour procès en cours, pour dépréciation des stocks, pour risques de pertes sur créances douteuses.

« La provision est une déduction opérée par une entreprise sur les résultats d'un exercice en vue de faire face ultérieurement à une perte ou à une charge173. »

Les provisions constituées en vue de faire face à des pertes et charges nettement précisées et que les événements en cours rendent probables sont déductibles du bénéfice imposable.

Les provisions les plus courantes sont : les provisions pour dépréciation de l'actif (provisions pour créances douteuses, pour dépréciation des stocks ou des titres), les provisions régulatrices du passif (provisions pour risques et litiges), les provisions spéciales (provisions pour hausse des prix).

Pour être fiscalement déductibles, les provisions doivent remplir des conditions de fond et de forme. La provision doit se rapporter à des pertes et charges nettement précisées, c'est-à-dire individualisées et évaluées, probables et non purement éventuelles. La condition de forme consiste en l'inscription en comptabilité et sur le relevé des provisions joint à la déclaration des résultats.

La déductibilité de la provision ne devient effective qu'après la réalisation de la perte ou de la charge. Les pertes et charges ci-après ne peuvent donner lieu à constitution de provisions déductibles :

- les provisions de propre assureur constituées par les entreprises ;
- les provisions que constitue une entreprise en vue de faire face au versement d'allocation en raison de départ à la retraite ou pré retraite des membres de son personnel ;
- l'indemnité pour congé payé.

[173] BARILARI MM, et DRAPE, Lexique fiscal, P.138

Les entreprises bénéficient par ailleurs d'un avantage fiscal : le report déficitaire. Le déficit subi au cours d'un exercice est une charge déductible de l'exercice suivant. Lorsque le bénéfice n'est pas suffisant pour l'éponger, l'excédent du déficit est reporté successivement jusqu'au troisième exercice qui suit l'exercice déficitaire. Au-delà de cette période, le déficit non encore épongé est considéré comme perdu. A ce sujet, SAWADOGO F. M. et DEMBELE S. ont observé qu'il pourra se poser un problème relativement complexe quand plusieurs exercices sont déficitaires et que les déficits ne pourront pas tous être épongés dans les délais. L'entreprise a intérêt à commencer par éponger les déficits les plus anciens en date. Si les déficits sont importants, l'entreprise peut avoir intérêt à pratiquer la réévaluation libre de son bilan.

Paragraphe IV. Le bénéfice imposable

Le bénéfice net ainsi déterminé est celui soumis à l'impôt, en principe. Il y a lieu, toutefois, le cas échéant de retrancher du bénéfice pour la fixation du bénéfice imposable à l'IBIC/IS :

- le revenu net des valeurs mobilières figurant à l'actif de l'entreprise qui a supporté l'IRVM ou qui se trouve exonéré de cet impôt ;
- le revenu net des immeubles inscrits à l'actif de l'entreprise qui a supporté l'impôt sur les revenus fonciers ou qui se trouve exonéré[174].

Ainsi, le bénéfice imposable est obtenu en déduisant du bénéfice net total, le revenu des valeurs et capitaux mobiliers figurant à l'actif de l'entreprise et atteint par l'Impôt sur le revenu des valeurs mobilières ou exonéré de cet impôt, à l'exception des produits de comptes courants remplissant les conditions définies à l'article 32 du CGI, c'est-à-dire les opérations inscrites à un compte courant se rattachant exclusivement à l'industrie, au commerce ou à l'exploitation des deux parties. L'article 57 du CGI exonère ces revenus de l'IBIC / l'IS en raison de leur soumission à l'IBIC/IS et à l'IRVM dans la première société.

[174] Article 57 du CGI.

Exemple : Le bénéfice net comptable d'une société s'établit à 650.000.000 F. Or, dans les produits de cette société qui sont entrés dans sa comptabilité en ligne de compte pour la détermination du bénéfice net comptable figurent des revenus d'immeubles qui s'élèvent à 80.000.000 F et des revenus de valeurs mobilières pour un montant de 20.000.000 F.

Cette société sera soumise à l'IS sur une base de :

650.000.000 F (bénéfice net) – 80.000.000 F (revenus nets fonciers) -20.000.000 F (revenus valeurs mobilières) = 550.000.000 F.

Les revenus nets fonciers seront soumis à l'impôt sur les revenus fonciers et les revenus de valeurs mobilières seront soumis à l'impôt sur les revenus de valeurs mobilières.

En application du principe « exonération vaut paiement », même les revenus d'immeubles exonérés de l'IRF et les revenus de valeurs mobilières exonérés de l'IRVM doivent être déduits du bénéfice à soumettre à l'IBIC/IS.

D'une façon générale, le résultat passible de l'IS est déterminé selon les mêmes règles que celles applicables en matière d'IBIC. Toutefois, les particularités suivantes doivent être relevées en ce qui concerne l'IS :

- aucune charge d'intérêts servis en compte courant d'associés ne peut être admise dans les charges déductibles du résultat que si le capital est entièrement libéré ;
- le maximum de somme d'argent pouvant être rémunérée en compte courant d'associés est limité au montant du capital social ;
- tous les produits, y compris donc les produits accessoires et les produits exceptionnels, sont à prendre en compte pour la détermination du résultat fiscal ;
- un crédit d'impôt pour IRVM /dividende servi est octroyé.

Une fois la base d'imposition arrêtée conformément aux règles fiscales, l'attention doit se porter sur l'établissement de l'imposition.

SECTION III. L'ÉTABLISSEMENT DE L'IMPOSITION

Pour la détermination de leur bénéfice imposable, les entreprises peuvent être placées soit sous le mode du régime du réel d'imposition soit sous le régime de l'impôt synthétique.

Paragraphe I. Le régime du bénéfice réel

Il existe deux modes dans le régime du réel d'imposition[175]: le mode réel simplifié (A) et le mode réel normal (B). Les entreprises imposables suivant le régime du bénéfice réel doivent tenir une comptabilité au cours de l'exercice permettant de déterminer exactement le résultat (le bénéfice ou le déficit). Elles doivent tenir une comptabilité régulière comportant les documents énoncés à l'article 60 du LPF[176].

A. Le mode réel simplifié

Le CGI détermine les personnes auxquelles le régime du mode réel simplifié s'applique[177]. Ces personnes sont celles qui ne sont pas assujetties à l'impôt synthétique ou imposables suivant le mode réel normal.

Le champ d'application du régime du bénéfice réel simplifié avait été réduit. Le régime du bénéfice réel simplifié ne s'appliquait qu'aux entreprises individuelles. Aujourd'hui, la loi admet que les personnes morales puissent être assujetties. Il convient d'évoquer les personnes relevant du régime du bénéfice réel simplifié avant d'évoquer l'option pour le mode du réel simplifié.

I. Les personnes relevant du régime du bénéfice réel simplifié

Le mode du bénéfice réel simplifié, prévu à l'article 76 du CGI, s'applique aux personnes :

---

[175] Le CGI énonce le régime de l'impôt synthétique. Il est applicable aux exploitants individuels d'entreprises réalisant par an au plus 50 millions de chiffre d'affaires hors taxes.

[176] Il s'agit de la liste détaillée par catégorie des frais généraux, la copie des états financiers comportant le NIF et les liasses harmonisées selon les normes du SYSCOA, le tableau des amortissements.

[177] CGI, Article 76.

- dont l'activité principale est de vendre des marchandises, objets, fournitures et denrées à emporter ou à consommer sur place, ou de fournir des prestations de services, lorsque leur chiffre d'affaires annuel hors taxe sur la valeur ajoutée est supérieur ou égal à 50 millions de francs et inférieur ou égal à 250 millions de francs ;
- relevant du régime de l'impôt synthétique et qui ont exercé l'option pour le régime réel d'imposition.

Les entreprises dont le chiffre d'affaires est supérieur à 100 millions de francs et inférieur à un milliard sont régies par les centres des moyennes entreprises[178]. Elles relèvent du régime du bénéfice réel normal.

D'une façon générale, et sous réserve de certaines exclusions limitativement énumérées par la loi, le domaine respectif du régime d'imposition applicable aux moyennes entreprises est fonction du chiffre d'affaires annuel toutes taxes comprises réalisé.

II. L'option pour le mode du réel simplifié

Le mode du bénéfice réel simplifié, prévu à l'article 76 du CGI, s'applique aux personnes :

- dont l'activité principale est de vendre des marchandises, objets, fournitures et denrées à emporter ou à consommer sur place, ou de fournir des prestations de services, lorsque leur chiffre d'affaires annuel hors taxe sur la valeur ajoutée est supérieur ou égal à 50 millions de francs et inférieur ou égal à 250 millions de francs ;
- relevant du régime de l'impôt synthétique et qui ont exercé l'option pour le régime réel d'imposition.

Les personnes relevant de plein droit du régime de l'impôt synthétique peuvent opter pour le mode du réel simplifié. Toutefois,

[178] Voyez dans ce sens, les dispositions de l'article 4 de la Décision n°0041/MEF-DGI du 15 septembre 2021 fixant le cadre, les conditions, les critères et les modalités de transfert des dossiers des contribuables entre les structures opérationnelles de la Direction générale des Impôts.

cette option doit être faite avant le 1er novembre de chaque année[179]. L'option prend effet à compter du 1er janvier de l'année suivant celle au cours de laquelle elle est exercée.

L'option ainsi faite est irrévocable pendant trois exercices consécutifs. Au terme de cette période de trois exercices consécutifs, l'option peut être dénoncée[180] par le contribuable lorsque le chiffre d'affaires annuel devient inférieur au seuil d'assujettissement du régime du bénéfice réel d'imposition.

B. Le mode réel normal

Le CGI énonce les conditions d'application du mode réel normal[181]. Il s'agit de contribuables qui ne sont pas assujettis soit au régime de l'impôt synthétique soit au régime du mode du bénéfice réel simplifié.

Le montant de l'impôt dû par les contribuables ne peut être inférieur à 1% du chiffre d'affaires hors taxe. Ce minimum forfaitaire est dû même au cas où l'exercice est déficitaire sans prendre en compte l'importance du déficit.

Lorsque le chiffre d'affaires est supérieur ou égal au seuil d'assujettissement du bénéfice réel d'imposition, le minimum forfaitaire de 1% du chiffre d'affaires hors taxes ne peut être inférieur à la fraction de l'impôt sur les bénéfices industriels et commerciaux contenu dans le montant maximum des cotisations[182].

Pour les entreprises passibles de l'impôt sur les sociétés dont l'objet est la gestion des immeubles productifs de revenus locatifs inscrits à l'actif de leur bilan, le minimum forfaitaire de perception de l'impôt sur les sociétés ne peut être inférieur au montant de l'impôt sur les revenus fonciers dont elles auraient été redevables si elles n'y avaient pas été exonérées[183].

---

179 CGI, article 76.
180 La dénonciation doit être faite dans le mois de janvier suivant la fin des trois exercices consécutifs.
181 CGI, Article 79.
182 Article 86 alinéa 4 du Code général des impôts.
183 Article 86 A du Code général des impôts.

Les impositions sont assurées par la Direction des grandes entreprises, le Centre des moyennes entreprises et les Centres des Impôts.

En rappel, le mode du bénéfice réel normal, appelé régime du réel, est le régime d'imposition de droit commun. Il s'applique à tous les redevables qui ne remplissent pas les conditions du mode du bénéfice réel simplifié ou qui, les remplissant, ont néanmoins opté de se soumettre au régime du réel. Pour l'essentiel, ce sont les redevables dont le chiffre d'affaires excède 250 millions. De nombreuses obligations pèsent sur de tels redevables, dont la violation est sanctionnée.

I. Les obligations

Le redevable doit :

- faire une déclaration d'existence et des déclarations modificatives ;
- tenir une comptabilité régulière conformément aux règles comptables et fiscales en vigueur et respecter les règles régissant la facturation[184] ;
- enfin, déclarer mensuellement son chiffre d'affaires et payer la TVA y afférente.

La première obligation du redevable, c'est-à-dire à toute personne assujettie à la TVA, est de déclarer son existence dans les quinze jours du commencement de ses activités ou de l'ouverture de son établissement. En effet, une déclaration similaire doit être souscrite en cas de cession d'entreprises ou de cessation d'activité ou en cas de modification de l'activité[185]. Le défaut de déclaration est sanctionné par une amende.

La seconde obligation est relative à la tenue d'une comptabilité régulière et au respect des règles en matière de facturation. Relativement à la comptabilité, la loi indique que la comptabilité doit être tenue en français et doit être conforme aux dispositions de l'Acte uniforme portant organisation et harmonisation des comptabilités des

---

184 Article 115 du LPF.
185 Article 112 du LPF.

entreprises dans les Etats parties du Traité de l'OHADA adopté à Yaoundé le 24 mars 2000 et par le Règlement de l'UEMOA n°4 CM du 20 décembre 1996 portant adoption d'un référentiel comptable commun au sein de l'UEMOA dénommé Système comptable ouest africain (SYSCOA) dont les dispositions ont été ultérieurement mises en conformité avec celles de l'Acte uniforme. En outre, les importateurs doivent tenir un livre spécial faisant apparaître pour chaque opération la quantité, la valeur en douane, le montant des droits et taxes perçus par les services des douanes, le numéro et la date de la déclaration de mise en consommation. Ils doivent également communiquer au service des impôts dont ils dépendent l'identité et l'adresse de leur déclarant en douane. La comptabilité se fait en principe hors TVA.

Le non-respect des règles ci-dessus énoncées est sanctionné.

II. Les sanctions

Destinées à obtenir le respect des règles ci-dessus énoncées, les sanctions énoncées sont, en général, sévères.

Le retard et le défaut de déclaration d'existence ou de demande d'immatriculation fiscale sont sanctionnés par une amende de 25.000 francs en cas de retard ou de 50.000 francs en cas de défaut.

Paragraphe II. Le régime de l'impôt synthétique

L'impôt synthétique est un régime particulier au sein de l'IBIC/IS. Il est une synthèse de plusieurs impôts[186].

A. Les personnes imposables, exemptées ou exonérées

L'impôt synthétique est dû par les entreprises réalisant un chiffre d'affaires annuel inférieur à 50 millions de francs. Le taux de l'impôt est fixé à 3%. Il est applicable au chiffre d'affaires annuel réalisé. A contrario, en sont exclues, les entreprises réalisant un chiffre d'affaires

186 L'Arrêté n°99-0893/MF-SG du 18 1999 fournit la liste des impôts qui figure dans le paquet : patente, taxe de voirie, cotisation chambre de commerce, taxe sur la valeur ajoutée, contribution forfaitaire à la charge des employeurs, taxe-logement, taxe de formation professionnelle, retenue d'impôt sur les traitements et salaires, impôt sur les bénéfices industriels et commerciaux, 50,90%).

annuel supérieur ou égal à 50 millions de francs d'une part, et les entreprises soumises au régime du bénéfice réel, d'autre part.

Sont exemptées, pour la première année, les entreprises assujetties à l'impôt synthétique.

Les entreprises dont le chiffre d'affaires vient à dépasser, au cours d'une année, la limite du seuil d'assujettissement à l'impôt synthétique, deviennent de ce fait, imposables suivant le régime du bénéfice réel. Elles ne peuvent bénéficier à nouveau du régime de l'impôt synthétique que si le montant du chiffre d'affaires qu'elles réalisent au cours des deux années suivantes reste inférieur à 50 millions de francs.

B. Les modalités d'imposition

Le montant de l'impôt synthétique est établi selon le critère relatif exclusivement au chiffre d'affaires déclaré par le contribuable.

Le paiement de l'impôt synthétique par les assujettis libère ceux-ci des autres impôts, droits et taxes[187] que sont l'impôt sur les traitements et salaires, l'impôt sur les revenus fonciers, l'impôt sur les revenus de valeurs mobilières, la contribution des patentes et licences, la taxe sur la valeur ajoutée. Toutefois, les personnes disposant d'autres revenus que ceux au titre desquels elles sont passibles de l'impôt synthétique sont soumises au régime de droit commun pour ces activités ou revenus[188].

En cas de déclassement pour le régime du bénéfice réel d'imposition, une fraction de l'impôt synthétique acquittée devient un acompte sur l'impôt dû[189].

Le processus d'imposition serait inachevé sans la prise en compte des obligations qui incombent aux contribuables. Celles-ci pourraient avoir un rôle majeur dans le contrôle et la perception de l'impôt.

---

[187] CGI, Article 73.

[188] CGI, Article 73 alinéa 3.

[189] Le montant de l'acompte est déterminé par arrêté du ministre chargé des finances portant répartition du produit de l'impôt synthétique.

SECTION IV. LES OBLIGATIONS DES CONTRIBUABLES

Globalement, les contribuables sont assignés à des obligations de retenue à la source d'impôts, de paiements, de versements d'acomptes et à des obligations déclaratives.

Paragraphe I. Les obligations de retenues d'impôts à la source

Elles ont trait à l'obligation de retenue à la source de l'impôt sur les bénéfices et à celle de retenue à la source imposée par les articles 441 à 444 du Livre de procédures fiscales. En outre, les contribuables sont tenus à des versements d'acomptes provisionnels.

A. L'obligation de retenue à la source de l'impôt sur les bénéfices

Le LPF[190] a institué une retenue à la source de toutes les sommes versées à un prestataire de service ne disposant pas de numéro d'identification fiscal en rémunération de services rendus.

Le taux de la retenue est de 15%[191]. Le versement de la retenue opérée au cours d'un mois doit intervenir au plus tard le 15ème jour du mois suivant.

Le défaut de retenue ou de versement est sanctionné par l'exclusion des rémunérations versées des charges d'exploitation de l'entreprise.

B. L'obligation de retenue à la source imposée par les articles 441 à 444 du LPF

Cette obligation vise les sommes versées à des entreprises étrangères n'ayant pas au Mali d'installation permanente en contrepartie des divers services rendus.

---

[190] Voyez les articles 440 à 444 du LPF.

[191] La réduction du taux de l'impôt de 35% à 30% par la loi de finance 2011-078 devait conduire à la réduction du taux de 17,5% à 15%. Le taux de 17,5% est obtenu en divisant le taux de 35% par deux.

Le taux de la retenue est de 15%. Les marchés et les contrats administratifs font l'objet de retenue lorsque l'adjudicataire n'a pas d'installation professionnelle permanente au Mali.

C. Le versement d'acomptes provisionnels

Les entreprises soumises à l'IBIC, selon le mode du réel normal, sont tenues de calculer elles-mêmes et de verser trois acomptes provisionnels au titre de l'IBIC[192]. Le montant de cet acompte est égal à ¼ du montant de l'IBIC dû au titre de la dernière imposition (cas d'une ancienne imposition) ou de l'IBIC prévisionnel (cas d'une entreprise nouvelle). Les versements ont lieu au plus tard les 31 mars, 31 juillet et 30 novembre.

Lorsque le contribuable relève du mode du réel simplifié, le montant de chaque acompte est égal à 1/3 du produit obtenu en multipliant le chiffre d'affaires de l'année N-1 par le coefficient 0,60%. Ce coefficient est ramené à 0,20% pour les stations-services s'approvisionnant exclusivement sur le marché local[193]. Les versements ont lieu au plus tard les 31 mars, 31 juillet et 30 novembre de chaque année.

Paragraphe II. Les obligations déclaratives

Les contribuables assujettis à l'IBIC/IS sont astreints à des déclarations dont certaines prennent leur source dans les dispositions de l'article 75 du LPF ou de l'article 72 du LPF.

La date limite fixée pour le dépôt des déclarations de l'IBIC/IS est le 30 avril suivant la clôture de l'exercice comptable. Ce délai est fixé au 31 mai pour les sociétés et compagnies d'assurance.

A. L'obligation relative à la déclaration des sommes versées à des personnes n'occupant pas un emploi salarié dans l'entreprise

Les contribuables passibles de l'I.B.I.C/ IS sont tenus de joindre à leur déclaration d'impôt sur les bénéfices le relevé concernant toutes

[192] Article 278 du LPF.
[193] Article 276 du LPF.

les sommes versées à des personnes n'occupant pas un emploi salarié dans l'entreprise[194].

B. L'obligation relative à la déclaration des rémunérations versées au personnel

Les entreprises passibles de l'IBIC/IS qui occupent des salariés sont tenues de remettre, au cours du mois de janvier suivant l'exercice comptable, un état récapitulatif des rémunérations annuelles allouées au personnel[195]. Cet état doit préciser pour chaque personne employée :

- nom, prénoms, emploi et adresse ;
- le montant des traitements et salaires et autres rémunérations en argent ou en nature ;
- la période de l'emploi ;
- le nombre d'enfants à charge au 31 décembre de l'exercice comptable ;
- le montant des allocations spéciales destinées à couvrir les frais de représentation ;
- le montant des retenues opérées et versées au Trésor public au titre de l'Impôt sur les traitements et salaires (ITS).

L'imposition des bénéfices des entreprises au Mali n'est pas fondamentalement différente de celle des autres pays membres de l'UEMOA. Elle soulève, cependant, la question de la neutralité de l'impôt.

L'imposition des bénéfices réalisés par les entreprises peut être considérée comme un phénomène social qui existe dans tous les systèmes fiscaux. Les entreprises ne constituent pas, a priori, une assiette fiscale en tant que telle[196]. Elles sont un voile juridique entre le fisc et les associés et les consommateurs.

L'imposition des bénéfices des entreprises est un type d'impôt économiquement efficace car elle n'altère en rien l'allocation des ressources dans l'économie nationale.

---

[194] Il s'agit notamment des sommes payées à titre de commissions, de ristournes, de vacations, d'honoraires divers, de loyers.

[195] Article 29 du LPF.

[196] Voyez dans ce sens « Pourquoi imposer les sociétés ? », Document de travail 96-2 rédigé pour le comité technique de la fiscalité des entreprises-Canada, 1996.

CHAPITRE IV.

L'IMPÔT SUR LES REVENUS DE VALEURS MOBILIÈRES

On entend par valeurs mobilières[197] des biens tels que parts d'intérêt, actions, obligations. Ces biens rentrent dans la catégorie des meubles d'où leur nom et rapportent, en principe, à leurs titulaires des revenus dits revenus de valeurs mobilières ou de capitaux mobiliers lesquels reçoivent des appellations diverses : dividendes, intérêts, arrérages.

Les tantièmes et les jetons de présence versés par les sociétés sont, malgré leur caractère un peu particulier, assimilés, sur le plan fiscal, à des revenus de valeurs mobilières. Ces revenus, au plan fiscal, constituent une cédule à part. Les principales valeurs mobilières sont les actions et les obligations[198].

L'imposition de cette cédule présente la particularité de se faire au moyen d'une retenue à la source, retenue à laquelle doit procéder celui qui paie les valeurs mobilières ; l'impôt devant être supporté par le bénéficiaire des valeurs mobilières.

Pour la clarté de l'exposé, il sera successivement abordé l'assiette de l'impôt (section I), la détermination du revenu imposable (section II), le fait générateur et les taux (section III), le lieu, le mode de paiement et les pénalités (section IV), le recouvrement et les obligations des redevables (section V).

SECTION I. L'ASSIETTE DE L'IMPÔT

Certains revenus sont imposables à l'IRVM (paragraphe I) et d'autres en sont exonérés (paragraphe II).

---

[197] Le Professeur Ives GUYON définit les valeurs mobilières comme « des titres négociables qui représentent les droits, identiques par catégorie, acquis par ceux qui ont apporté à une personne morale, publique ou privée, les espèces ou les biens nécessaires à son financement. Elles représentent, selon le cas, soit une quotité du capital de la personne morale soit une créance à long terme sur celle-ci. Elles sont susceptibles d'être cotées en bourse ».

[198] Voyez dans ce sens l'Acte uniforme relatif au droit des sociétés commerciales et du groupement d'intérêt économique adopté dans le cadre l'OHADA.

Paragraphe I. Les revenus imposables

L'IRVM s'applique sous réserve d'exonérations :

- aux intérêts, dividendes, arrérages, revenus et tous autres produits des actions de toute nature et des parts de fondateurs des sociétés, compagnies et entreprises quelconques financières ;
- aux intérêts, produits et bénéfices des parts d'intérêts dans les sociétés, compagnies et entreprises ayant leur siège social au Mali, dont le capital n'est pas divisé en actions ;
- au montant des remboursements et amortissements totaux ou partiels que les sociétés désignées dans les numéros qui précèdent effectuent sur le montant de leurs actions, parts d'intérêts, avant leur mise en liquidation ;
- au montant des indemnités de fonction, remboursement forfaitaire des frais revenant aux membres des conseils d'administration des sociétés ;
- aux intérêts, arrérages et tous autres produits des obligations et emprunts de toute nature de communes, établissements publics ainsi que des sociétés, compagnies et entreprises ;
- aux intérêts, arrérages et tous autres produits des créances hypothécaires, privilégiées et chirographaires à l'exclusion de toute opération commerciale ne présentant pas le caractère juridique d'un prêt ;
- aux intérêts des dépôts de somme d'argent à vue ou à échéance fixe, quel que soit le dépositaire et quelle que soit l'affectation du dépôt, les intérêts de cautionnement de numéraire et des comptes courants.

Les dividendes, arrérages, bénéfices et produits s'entendent de toutes sommes ou valeurs attribuées à quelque époque que ce soit aux associés et porteurs de parts, à un autre titre que celui de remboursement de leur apport.

Paragraphe II. Les revenus exonérés

Les exemptions sont prévues par le CGI et bénéficient :

- à certains amortissements opérés grâce à la réalisation d'éléments de l'actif et au moyen de prélèvement sur les éléments autres que le compte de résultats, les réserves ou provisions diverses du bilan ;

- aux intérêts des livrets d'épargne ;
- aux produits des comptes courants entre industriels, commerçants, exploitants agricoles ou miniers et se rattachant à l'activité des deux parties ;
- aux revenus des emprunts ou des obligations des coopératives et des associations ;
- aux parts d'intérêts, emprunts ou obligations de sociétés ou unions de sociétés coopératives agricoles ou caisses de crédit agricole ;
- aux intérêts, arrérages et tous autres produits des rentes, obligations et autres effets publics émis par l'Etat, les régions ou les communes ;
- aux obligations et emprunts émis ou à émettre par les sociétés d'habitation à bon marché.

Après la précision de l'assiette de l'impôt, il convient de déterminer le revenu imposable.

SECTION II. LA DÉTERMINATION DU REVENU IMPOSABLE

Le revenu taxable est déterminé :

- pour les actions, par le dividende fixé par les assemblées d'actionnaires ;
- pour les parts d'intérêts, soit par la part de bénéfice dont la distribution a été décidée par l'Assemblée des associés soit au moyen d'une déclaration à souscrire dans les trois mois de clôture de l'exercice, faisant connaître les bénéfices ou produits effectivement distribués ;
- pour les obligations ou emprunts, par l'intérêt distribué dans l'année.

Les revenus imposables au titre de l'impôt sur le revenu des créances et dépôts sont constitués par les intérêts, arrérages et tous autres produits. Il s'agit de toutes les créances qui ne prennent pas la forme de titres négociables ou de valeurs mobilières.

Le revenu taxable est déterminé pour les intérêts des créances, dépôts, cautionnement et tous autres produits des valeurs désignées aux points 7 et 8 de l'article 23 du CGI par le montant brut des intérêts payés.

SECTION III. LE FAIT GÉNÉRATEUR ET LES TAUX D'IMPOSITION

Il est utile d'évoquer successivement le fait générateur et les taux.

Paragraphe I. Le fait générateur

Le fait générateur est l'événement qui donne naissance à la dette fiscale. Pour les valeurs mobilières proprement dites, le fait générateur est constitué par la mise en distribution.

L'impôt est exigible non à compter du paiement mais à partir du moment où les dividendes sont mis à la disposition des bénéficiaires.

Pour les revenus de créances, dépôts, cautionnements, le fait générateur est constitué par le paiement des intérêts ou leur inscription à un compte.

Paragraphe II. Les taux

Les revenus de valeurs mobilières sont passibles[199], d'un impôt proportionnel dont le taux est fixé comme suit :

- 10% pour les dividendes distribués. Ce taux est ramené à 7% pour les dividendes distribués par les sociétés cotées sur une bourse des valeurs agréées par le conseil régional de l'Epargne publique et des marchés financiers ;
- 6% pour les revenus des obligations. Ce taux est ramené à 3% lorsque les obligations sont émises par l'Etat ou par les collectivités publiques et leurs démembrements et sous réserve que la durée desdites obligations soit comprise entre cinq et dix ans. Lorsque la durée des obligations émises par l'Etat ou les collectivités publiques et leurs démembrements est supérieure à dix ans, le taux de 6% est ramené à 0% ;

---

[199] Article 42 (nouveau) du CGI.

- 13% pour les intérêts arrérages et autres produits des obligations d'emprunts contractés par des sociétés ayant leur siège au Mali ou qui exerçant une activité au Mali sont constituées sous forme qui les rendraient imposables si elles avaient leur siège au Mali ;
- 9% pour les intérêts, arrérages et autres produits des dépôts à vue ou à échéance fixe et des comptes courants ;
- 15% pour les lots payés aux créanciers et porteurs d'obligations ;
- 18% pour tous les autres revenus.

SECTION IV. LE LIEU, LE MODE DE PAIEMENT ET LES PÉNALITÉS

L'IRVM, bien qu'à la charge des bénéficiaires, n'est pas acquitté par les bénéficiaires eux-mêmes. Il est prélevé par la collectivité qui distribue les produits imposables sur les sommes revenant aux mêmes bénéficiaires et est ensuite reversé par cette dernière au service des impôts.

Les bénéficiaires de ces sommes n'ont aucune obligation à accomplir auprès de l'administration fiscale.

L'impôt est versé conformément aux dispositions du LPF[200]. Aux termes de l'article 433 du LPF, tout défaut de déclaration, toute inexactitude aboutissant à une minoration de l'impôt sont sanctionnés par une amende fiscale égale au montant des droits compromis.

Tout retard dans le paiement de l'impôt est sanctionné par une amende fiscale à 2% par mois de retard calculée à compter de la d'exigibilité, tout mois commencé étant considéré comme un mois entier.

SECTION V. LE RECOUVREMENT ET LES OBLIGATIONS DES REDEVABLES

Lorsque les produits imposables sont payés par les banquiers, ces derniers doivent, à cet effet, acquitter l'impôt dans les conditions prévues au LPF.

---

[200] Article 427 et suivants du LPF.

Lorsque les produits imposables sont payés par les particuliers, l'impôt est acquitté aux moyens de timbres fiscaux apposés soit sur les quittances soit sur le compte où l'inscription des intérêts est opérée.

Les sanctions sont les suivantes :

- en cas d'inexactitude ou de minoration, l'amende est égale au double des droits correspondants ;
- en cas de paiement tardif, l'amende est égale à 2% par mois de retard.

CHAPITRE V.

LA CONTRIBUTION DES PATENTES 3

La contribution des patentes[201] présente les caractères suivants :

- la patente est perçue au profit des collectivités territoriales bénéficiant d'une autonomie financière ;
- la patente est un impôt direct.

La patente se compose d'un droit fixe et d'un droit proportionnel. Elle est une contribution annuelle, c'est-à-dire elle est due pour l'année entière par toutes les personnes exerçant au premier janvier une profession imposable. Cette date est, en principe, celle prise en compte pour le calcul de la patente[202]. Le produit de la patente est affecté à 60% à la commune, à 25% au cercle et à 15% à la région[203]. Pour ce qui est de la ville de Bamako, 60% du produit de la patente est transféré au district et 40% à la commune qui a recouvré l'impôt.

La patente est un impôt dont le champ d'application est large. Elle se compose d'un droit fixe et d'un droit proportionnel.

Seront abordés le champ d'application (section I), la détermination de l'impôt (section II) et les obligations et sanctions (section III).

SECTION I. LE CHAMP D'APPLICATION

Il s'agira de déterminer les personnes imposables et les personnes exemptées.

---

[201] Dans le langage courant, on parle de la patente.

[202] Ce principe fait l'objet de dérogation. En effet, le CGI prévoit l'application du prorota temporis dans tous les cas où le patentable commence ou cesse son activité en cours d'année.

203La clef de répartition du produit de la patente est énoncée dans la loi n°2011-036 du 15 juillet 2011 déterminant les ressources fiscales des communes, des cercles et des régions du Mali ainsi que dans la loi n°96-058/AN-RM déterminant les ressources fiscales du district de Bamako et des communes qui le composent.

Paragraphe I. Les personnes imposables

Aux termes de l'article 130 du CGI, « toute personne malienne ou étrangère qui exerce au Mali un commerce, une industrie, une profession non explicitement compris dans les exemptions est assujettie à la contribution des patentes ».

Ainsi, la patente est due par toutes les personnes (physiques ou morales) qui exercent au Mali un commerce, une profession et qui ne sont pas expressément exemptées par la loi. Cependant, certaines personnes en sont exemptées.

Paragraphe II. Les personnes exemptées

L'article 131 du CGI fournit la liste des personnes exemptées. Il s'agit de :

1. l'Etat, les collectivités territoriales et les organismes publics pour les services publics d'intérêt général ;

2. les personnes morales bénéficiant de l'exonération de l'Impôt sur les Bénéfices Industriels et Commerciaux (IBIC) en vertu de l'article 47 du CGI ;

3. les assujettis à l'Impôt Synthétique ;

4. les associés des Société en Nom Collectif (SNC), Société à Responsabilité Limitée (SARL) en commandite ou Société Anonyme (SA) ès qualité, l'associé unique de la SARL ;

5. les exportations de bétail au titre de cette seule activité.

Sont exonérées de droit de patente professionnelle et des cotisations connexes dus au titre de la première année civile d'activité les entreprises nouvelles et non éligibles au Code des investissements, au Code minier et au Programme immobilier.

Par ailleurs, les personnes âgées de moins de quarante (40) ans et titulaires d'au moins un diplôme professionnel délivré par un établissement agrée ainsi que les personnes morales et groupements constitués uniquement de ces personnes physiques qui entreprennent une profession qui les rend passibles de la contribution des patentes bénéficient, en ce qui concerne la patente, d'une exonération de :

- 100% pour la première année civile d'activité ;
- 50% pour la deuxième année civile d'activité ;
- 25% pour la troisième année civile d'activité.

Bénéficient également de ces avantages, les agents de la fonction publique partant volontaire à la retraite, les salariés des secteurs public et privé ayant fait l'objet d'un licenciement pour motif économique qui entreprennent, pour leur compte sous la forme individuelle ou sociétaire, une profession qui les rend passibles de la contribution des patentes.

SECTION II. LA DÉTERMINATION DE L'IMPÔT

La détermination de la patente due ne soulève pas de difficultés puisque son montant résulte de l'addition du droit fixe et du droit proportionnel assis sur la valeur locative des locaux professionnels204. Cependant, dans la pratique certaines situations se présentent couramment.

Paragraphe I. Le droit fixe

Le droit fixe est déterminé sur la base du chiffre d'affaires hors toutes taxes comprises réalisé du dernier exercice précédent celui au titre duquel l'imposition est due.

A. La règle générale

Le montant du droit fixe est indiqué dans le tarif des patentes. Il varie en fonction de la nature de la profession et du lieu d'exercice de la profession.

Le droit fixe est dû par établissement et non par profession. L'établissement est un centre d'affaires où sont effectuées dans un même local ou dans un groupe de locaux, les opérations constituant les actes essentiels de la profession.

---

[204] L'article 150 du Code général des impôts fixe le tarif des patentes.

Pour le calcul du droit fixe, les entreprises sont classées suivant leurs activités dans l'un des trois (03) tableaux A, B et C :

1.Tableau A

Il se subdivise en neuf (09) classes et une classe exceptionnelle. Le droit fixe afférent à une profession inscrite à ce tableau est déterminé par la lecture du tarif. Il convient de signaler que pour une même profession, le montant du droit fixe varie suivant que l'activité est exercée à Bamako (1ère zone), dans les chefs-lieux de région (2ème zone) ou dans toute autre localité (3ème zone).

Illustration :

Me TOURE, avocat de son Etat, dont le chiffre d'affaires annuel hors taxe est supérieur à 30.000.000 francs, acquittera un droit fixe de 45.000 s'il exerce à Bamako, de 33.500 francs s'il exerce dans un chef-lieu de région et 25.000 francs s'il exercice dans toutes autres localités.

2.Tableau B

Il se divise en deux parties :

- première partie

Elle est relative à la patente dite sur marché. Le droit fixe est un pourcentage du montant des marchés ou des adjudications passés par le contribuable205. La patente n'est due que si le marché est conclu avec des services publics (santé, armée, éducation, finances) ;

Illustration :

L'entreprise OUAT a exécuté en 2010 les travaux de construction de la route Bamako-Kayes pour un montant de 7 milliards. Sachant que la voie traverse les localités de Bamako, Kati, Kolokani, Diema et Kayes, déterminer la patente sur ce marché.

---

[205] Le pourcentage est fonction de la nature du marché (bâtiment-travaux publics, services).

- Deuxième partie

Le droit fixe est constitué d'une taxe déterminée et d'une taxe variable. La taxe variable a comme base certaines données comme le kilomètre de ligne, la pompe d'essence, la tonne de marchandise, le montant annuel des ventes, abonnements ou concessions. Certaines professions sont exonérées de la taxe déterminée.

Illustration :

Monsieur Diarra, exploitant de station-service à Faladié dispose d'une station-service avec vente d'accessoires automobile comportant trois pompes :

- le droit fixe : taxe déterminée : 28.000 ;
- la taxe variable : 3.500 x 3= 10.500.

3.Tableau C :

Le tableau C vise les patentes dues par les importateurs, les exportateurs, les importateurs - exportateurs. Le droit fixe est fonction du montant annuel des importations, des exportations, des importations-exportations.

Illustration :

Lah, commerçant au grand marché de Bamako, a importé pour 140 millions de marchandises en 2007 et en a exporté pour 30 millions. Le montant de ses importations – exportations est 170 millions. Le commerçant aura à acquitter un droit fixe de 400.000.

Afin d'encourager les opérations d'exportations, le droit fixe est réduit de moitié pour le contribuable dont le montant des importations - exportations est constitué pour moitié au moins d'affaires à l'exportation. Lorsque les exportations représentent la totalité du montant d'affaires, le droit fixe est réduit des ¾.

B. Les modalités de calcul

Plusieurs hypothèses sont à envisager :

I. Le contribuable possède plusieurs établissements distincts

Le patentable est passible d'un droit fixe à raison de l'activité exercée dans chacun de ses établissements.

Illustration : Solomane, un garagiste à Kalaban Coura dont le chiffre d'affaires est supérieur à 50 millions vend aussi des pièces détachées pour automobile.

Il devra deux droits fixes de patente en tant que garagiste et en tant que commerçant dès lors qu'il y a un responsable pour le secteur réparation et un responsable pour le secteur vente.

II. Le contribuable exerce dans le même établissement plusieurs commerces, industries ou professions tous relevant du tableau A

Il est soumis à un seul droit fixe, c'est-à-dire le plus élevé de ce qu'il aurait à payer s'il était assujetti à autant de droits fixes que de professions exercées.

Illustration :

Le contribuable exerce une activité d'avocat et détient un bureau d'études dans un même établissement.

III. Le contribuable exerce dans le même établissement plusieurs activités relevant du tableau B

Le patentable acquittera toutes les taxes variables afférentes aux professions exercées. Quant aux taxes déterminées, il acquittera la plus élevée.

Illustration :

Le contribuable possède une station-service avec vente d'accessoires automobile, distribue de l'eau dans le même établissement.

IV. Le contribuable exerce dans le même établissement plusieurs professions, les unes du tableau A, les autres du tableau B

Il doit le plus élevé des droits fixes du tableau A et la totalité des taxes variables du tableau B.

Illustration :

Le contribuable exerce une activité d'avocat et détient un bureau d'études, procède à la distribution d'eau dans un même établissement.

V. Le contribuable est un industriel qui vend sur place les produits de sa fabrication

Ce contribuable n'est redevable que d'un seul droit fixe, celui correspondant à son activité de fabricant. S'il vend ses produits dans un magasin séparé de l'usine, il sera soumis à seul droit fixe lorsque :

- la vente a lieu en gros et concerne seulement les produits de sa fabrication ;
- il ne vend pas ses produits dans l'établissement industriel.

Paragraphe II. Le droit proportionnel

Le droit proportionnel est la deuxième composante de la patente.

A. L'assiette

Le droit proportionnel est calculé sur l'ensemble des valeurs locatives des bureaux, magasins, boutiques, usines, ateliers, hangars, remises, chantiers, terrains de dépôt et autres locaux et emplacements servant à l'exercice de la profession.

Pour les usines et établissements industriels, le droit proportionnel est calculé sur la valeur locative de ces établissements pris dans leur ensemble et munis de leurs moyens matériels de production.

Peu importe le titre en vertu duquel les locaux sont occupés : propriété, location. Le droit proportionnel est dû même lorsque les locaux sont occupés à titre gratuit. La détermination de la valeur locative fait appel à trois moyens :

a. Les bâtiments et installations pris en location

La valeur locative est déterminée à partir des baux ou des locations verbales passées dans les conditions normales, c'est-à-dire moyennant un loyer dont le montant correspond à celui pratiqué sur le marché pour des immeubles similaires.

b. Les bâtiments non loués

Par comparaison avec d'autres immeubles dont le loyer a été régulièrement constaté ou est notoirement connu.

c. Les installations industrielles non louées

La valeur locative taxable ne peut être inférieure à 5% de la valeur d'acquisition du bien.

B. Le taux

Le taux du droit proportionnel est de 10% de la valeur locative. Il ne peut en aucun cas être inférieur à ¼ du droit fixe.

SECTION III. LES OBLIGATIONS ET SANCTIONS

Les contribuables qui entreprennent une profession assujettie à la patente et les patentés qui, dans le cours de l'année, entreprennent une profession comportant un droit fixe plus élevé que celui qui était afférent à la profession qu'ils exerçaient tout d'abord sont tenus d'en faire, par écrit, la déclaration au service d'assiette compétent, dans les dix (10) jours de l'opération. L'inobservation de cette obligation est sanctionnée par une amende égale au montant des droits de patente dus dans les conditions de droit commun. Ces mêmes principes s'appliquent aux contribuables qui viennent à occuper des locaux d'une valeur locative supérieure à celle des locaux pour lesquels ils ont été préalablement imposés ou dont la profession, sans changer de nature, devient passible de droits plus élevés.

Le défaut de déclaration est sanctionné par un droit supplémentaire égal au montant des droits compromis.

Le défaut de comptabilité régulière énoncée aux articles 17 et 53 du Livre de procédures fiscales est passible d'une pénalité égale au droit fixe. Tout retard constaté dans le paiement de la patente est sanctionné par une somme égale au montant des droits non payés dans les délais.

Cette pénalité est due sans préjudice de la majoration de 10% exigible en cas de paiement après la date de mise en recouvrement du rôle.

Les patentables de toute catégories qui ne pourront faire la preuve de leur imposition seront astreints au paiement de la patente pour l'année entière sans préjudice d'un droit en sus égal au montant de la patente qui leur sera imposée.

Exercices relatifs à la contribution des patentes

1. Déterminer la patente d'un commerçant en gros dont le chiffre d'affaires annuel est de 175 millions et la valeur locative des locaux de 14 millions.

2. Comment détermine-t-on et ou paye-t-on la patente d'un commerçant s'il habite Kati, Sogoniko, Sikasso.

3. Quelles sont les règles applicables dans la détermination de la patente :

- en cas d'exercice de plusieurs professions par une même personne dans un même local ;
  - en d'exercice par plusieurs personnes de leur (s) profession (s) dans un même local.

TITRE II. LA FISCALITÉ FONCIÈRE

La fiscalité foncière concerne les impôts, droits et taxes assis sur la propriété, la détention ou l'utilisation des biens fonciers. Elle concerne aussi les revenus tirés de la propriété d'un bien immobilier. La fiscalité foncière puise sa source fondamentalement dans le Code général des impôts. Elle sera abordée à travers l'étude de l'impôt sur les revenus fonciers (chapitre I) et de la taxe foncière (chapitre II).

CHAPITRE I.

L'IMPÔT SUR LES REVENUS FONCIERS

L'impôt sur les revenus fonciers[206] (IRF) est un impôt cédulaire auquel sont assujettis les revenus des immeubles bâtis ou non bâtis, urbains ou ruraux207 à l'exception des revenus issus de la location d'un immeuble inscrit à l'actif du bilan d'une société soumise à l'impôt sur les sociétés. Il présente les caractéristiques suivantes :

- l'imposition de l'IRF se butte à des difficultés qui influent négativement sur son rendement. Celles-ci ont trait notamment à l'adressage des propriétés imposables, à la preuve de l'existence d'un contrat de location, à l'évaluation de l'assiette de l'impôt, à l'identification du propriétaire redevable ;
- le mécanisme de retenue à la source institué pour le recouvrement ne fonctionne pas à merveille. Le taux de recouvrement est assez faible.

Le champ d'application (section I), la liquidation (section II), les obligations des redevables et les sanctions (section III) appellent quelques précisions.

SECTION I. LE CHAMP D'APPLICATION

L'IRF s'applique, en principe, aux revenus des immeubles bâtis ou non bâtis, il s'agira d'une part, de déterminer les revenus soumis à l'IRF et les revenus qui en sont exonérés et de préciser le fait générateur et l'exigibilité, d'autre part.

Paragraphe I. Les revenus imposables et les exonérations

L'IRF frappe les revenus locatifs des immeubles bâtis ou bâtis ; néanmoins, certains revenus sont exonérés.

Les revenus fonciers imposables à l'IRF sont constitués par les revenus locatifs provenant des propriétés qu'elles soient non bâties ou bâties ou même des biens assimilés aux immeubles208.

---

[206] L'impôt sur les revenus foncier est à distinguer de la taxe foncière.

[207] Dans la pratique, l'IRF est assis essentiellement sur les immeubles bâtis urbains.

[208] Exemple : des chantiers, des lieux de dépôt des marchandises.

Est assimilé à un immeuble bâti, l'outillage des établissements industriels fixé au sol à perpétuelle demeure ou reposant sur des fondations spéciales faisant corps avec l'immeuble.

La nature de l'immeuble n'est pas prise en considération. Les revenus sont taxables que les constructions soient en dur ou en banco.

L'IRF admet des exonérations qui sont motivées par des raisons sociales ou économiques 209. Ainsi sont exonérés de l'IRF, les immeubles non productifs de revenus 210, les voies ferrées publiques, les bâtiments publics, les lieux de culte.

Paragraphe II. Le fait générateur et l'exigibilité

Le fait générateur, c'est-à-dire l'événement qui donne naissance à la dette fiscale ne coïncide pas avec l'exigibilité. La dette fiscale naît, en principe, à partir de la mise de l'immeuble à la disposition du locataire. En revanche, le fisc ne peut demander impérativement ce qui est dû qu'à la fin de l'année, sauf en cas de retenue à la source de l'impôt.

Après l'étude du champ d'application, il convient d'aborder le mode de calcul de l'IRF.

SECTION II. LA LIQUIDATION DE L'IMPÔT

La liquidation de l'IRF soulève la question de la détermination du revenu imposable ainsi que celle de l'application des taux.

Paragraphe I. La détermination du revenu imposable

La base de calcul de l'impôt est constituée par le revenu brut disponible afférent à la période d'imposition. Le revenu brut est constitué par le montant brut des loyers, des gains accessoires211 à la propriété foncière perçus au cours de l'année quelle que soit la période

---

[209] Les exonérations sont énoncées à l'article du CGI.

[210] Il s'agit des immeubles d'habitation non loués appartenant aux propriétaires et occupés par eux-mêmes, par leurs familles ou leurs employés domestiques.

[211] Au nombre de ces revenus, on peut retenir le droit d'affichage, le droit de chasse, les dépenses incombant au propriétaire de l'immeuble mais supportées par le locataire sans contrepartie.

à laquelle ils se rapportent, augmenté des dépenses et charges incombant normalement au propriétaire mais supportées par le locataire et diminué des dépenses et charges incombant normalement au locataire mais supportées par le propriétaire.

Les loyers et gains accessoires à la propriété se rapportant à une période sont, sauf preuve contraire à apporter par le contribuable, réputés avoir été perçus au cours de cette même période.

Lorsqu'un propriétaire de terrain nu ou d'un immeuble portant une construction sans grande valeur loue le fonds par bail de longue durée à charge par le locataire de construire à ses frais un immeuble bâti de valeur ou de consistance donnée devant revenir sans indemnité et libre de toutes charges au bailleur à l'expiration du bail, le revenu imposable afférent à l'immeuble ainsi construit est imposable au nom du propriétaire du sol. Le revenu imposable à ce titre est égal, pendant toute la durée du bail, à l'annuité correspondant à la somme nécessaire pour amortir, pendant cette durée, le prix des travaux et des charges imposées au preneur.

Exemple : M Traore a encaissé pour la villa construite en dur dont il est propriétaire à Kalaban et qu'il donne en location pour 1.470.000 F hors TVA en 2024.

Au cours de la même année, il a dépensé :

- pour faire repeindre la façade de son immeuble 120.000 f ;
- pour divers travaux d'entretien 75.000 f.

Il a joint à l'appui de sa déclaration les pièces justificatives de ces dépenses.

Le revenu imposable sera calculé comme suit :

- Revenu brut : 1.470.000 f
- Charges déductibles : 120.000 f + 75.000 = 195.000 f
- Le revenu imposable : 1.470.000 f – 195.000 f = 1.275.000 f

Lorsque le terrain est nu ou l'immeuble portant une construction sans grande valeur est loué par bail de longue durée à charge par le locataire de construire à ses frais un immeuble bâti de valeur ou de consistance donnée devant revenir sans indemnité et libre de toute charge au bailleur à l'expiration du contrat, le revenu imposable afférent à l'immeuble ainsi construit est imposable au nom du propriétaire du sol. Le revenu imposable est égal pendant la période contractuelle à l'annuité correspondant à la somme nécessaire pour amortir, pendant cette durée, le prix des travaux et des charges imposées au preneur.

Lorsque le revenu réel n'a pas été communiqué ou lorsque le revenu réel a été manifestement sous-évalué, le fisc peut procéder à une évaluation par comparaison ou à une évaluation directe.

Paragraphe II. Les taux d'imposition

Préalablement fixés par la Loi n°99-011 du 1er avril 1999 portant modification du CGI à 15% pour les immeubles en dur ou semi dur et à 10% pour les immeubles en banco, les taux de l'IRF varient en fonction de la nature de l'immeuble mais restent assez modestes. Les taux de l'IRF sont fixés ainsi qu'il suit[212] :

- 12% pour les immeubles en dur ou semi dur ;
- 8% pour les immeubles en banco[213].

Après avoir déterminé le mode de calcul de l'IRF, il convient d'aborder les obligations et les sanctions.

SECTION III. LES OBLIGATIONS DES CONTRIBUABLES ET LES SANCTIONS

Des obligations pèsent sur les redevables et leur inobservation fait l'objet de sanctions.

Paragraphe I. Les obligations

Les obligations sont fondamentalement celles déclaratives et de paiement. Le ou les propriétaires de l'immeuble bâti sont normalement débiteurs de l'impôt. Cependant, en cas d'usufruit, l'impôt est dû par l'usufruitier.

---

[212] Article 22 (nouveau) du CGI.

[213] Le régime d'imposition des revenus fonciers frappe plus faiblement les immeubles en banco que les immeubles en dur.

De même, en cas de bail emphytéotique, le preneur ou emphytéote est entièrement substitué au bailleur et est imposable comme tel.

Par ailleurs, en cas de location moyennant un loyer mensuel hors taxes égal ou supérieur à 100.000 FCFA, l'impôt fait l'objet d'une retenue à la source effectuée par le locataire sur les loyers dus au propriétaire et à valoir sur l'impôt dont ce dernier sera redevable. Toutefois, les services, établissements et organismes publics ainsi que les collectivités locales doivent procéder obligatoirement à ces retenues pour les immeubles qu'ils prennent en location quel que soit le montant mensuel du loyer.

Au surplus, les propriétaires ne peuvent s'opposer à ce que ces retenues soient effectuées par les locataires qui, bien que ne rentrant pas dans l'une des catégories visées ci-dessus, acceptent de procéder à ces retenues. Une telle acceptation est valable jusqu'à renonciation expressément notifiée à l'Administration par le locataire.

Dans les trois premiers mois de chaque année, les contribuables assujettis à l'impôt doivent faire la déclaration auprès du service d'assiette compétent.

Les propriétaires fonciers doivent faire annuellement la déclaration et procéder au paiement de l'impôt. Cette déclaration doit être adressée au Centre des Impôts du lieu de situation de l'immeuble le 31 mars au plus tard de chaque année.

La déclaration doit faire ressortir les revenus fonciers qu'ils ont perçus au cours de l'année précédente.

Paragraphe II. Les sanctions

Elles sont fonctions des situations suivantes :

- dépôt de déclaration hors délai : l'amende encourue est de 25% de l'impôt dû ;
- défaut de déclaration : taxation d'office par l'administration. L'impôt correspondant au revenu non déclaré est majoré de 25% à titre d'amende ;
- déclaration inexacte : l'administration rectifie d'office ladite déclaration. L'impôt correspondant au revenu non déclaré est majoré de 25% à titre d'amende ;

- non versement des retenues dans le délai entraîne l'application d'une majoration de 2% par mois de retard jusqu'au cinquième mois inclus à la charge du locataire. La même sanction est applicable au locataire qui n'a pas opéré les retenues ;
- non-paiement de l'impôt dans le délai : amende égale à 10% des sommes dues. Par ailleurs, le contribuable s'expose à des poursuites.

L'administration dispose d'un délai expirant à la fin de la troisième année civile suivant celle de la réalisation des revenus pour réparer les omissions ou les erreurs.

Exercice d'application

Monsieur Bathily est propriétaire d'un immeuble en dur situé en commune IV du district de Bamako qu'il a loué à 175.000 francs le mois en 2024. Il a supporté, au cours de l'année 2024, les charges relatives aux consommations d'eau et d'électricité de l'immeuble à concurrence de 300.000 francs.

A la même période, le locataire a procédé à la réfection des toitures pour un montant de 500.000 francs.

Déterminer le montant de l'impôt sur les revenus fonciers dû au titre de l'année 2024.

Solution :

Revenu brut annuel : 175.000 F x 12 : 2.100.000 F

Charge mise à la charge du locataire normalement prise en charge par le propriétaire : 500.000 F.

Détermination des revenus bruts : 2.100.000 F + 500.000 F : 2.600.000 F

Charges déductibles : 300.000 F

Revenu imposable : 2.600.000 F - 300.000 F= 2.300.000 F.

Impôt dû : 2.300.000 F x 12% = 267.000 F.

CHAPITRE II.

LA TAXE FONCIÈRE

La taxe foncière a été introduite dans la législation malienne par la Loi n°2011-034 du 15 juillet 2011 portant modification du CGI [214]. Le taux est fixé à 3% de la valeur locative de l'immeuble. Le produit de la taxe foncière est affecté aux budgets des communes à 60%, des cercles à 25%, des régions à 15%[215].

Pour tenter de cerner les contours de cette taxe qui se rapproche de l'impôt sur le revenu foncier, il convient d'aborder successivement les points suivants : le champ d'application de la taxe (section I), la détermination de la taxe (section II), les obligations déclaratives (section III), enfin le recouvrement et les sanctions y afférentes (section IV).

SECTION I. LE CHAMP D'APPLICATION

La taxe foncière est due, en principe, sur les immeubles bâtis, les terrains nus à usage commercial ou industriel. Il s'agira surtout de mentionner les personnes imposables, les débiteurs de la taxe et les exonérations.

Paragraphe I. Les personnes imposables et les débiteurs de la taxe

La taxe foncière est établie dans la localité où est situé l'immeuble. En général, la taxe est due par le propriétaire de l'immeuble. Cependant, plusieurs situations peuvent se présenter. D'abord, en cas d'usufruit[216], la taxe est due par l'usufruitier dont le

---

[214]CASTAGNEDE notait que : « La taxation significative du capital subsiste sous la forme des impôts directs locaux (taxe foncière, taxe professionnelle) qui atteignent, chez leur détenteur, la valeur locative des biens immeubles ou d'immobilisation d'entreprise ». CASTAGNEDE (Bernard), La politique fiscale, Que sais-je ? PUF, 2008, P. 31.

[215] La clé de répartition est décrite dans la 96-058 déterminant les ressources fiscales du district de Bamako et des communes qui le composent.

[216] « Usufruit est un droit réel, par essence temporaire, dans la majorité des cas viager, qui confère à son titulaire l'usage et la jouissance de toute sorte de biens appartenant à autrui, mais à charge d'en conserver la substance ; présenté comme un démembrement de la propriété, en tant qu'il regroupe deux attributs démembrés du

nom doit figurer sur le rôle à la suite de celui du propriétaire. Ensuite, en cas de bail emphytéotique[217], la taxe est due par le preneur ou emphytéote. De même, en cas d'autorisation d'occuper le domaine public[218] ou de concession dudit domaine, la taxe est due par le bénéficiaire de l'autorisation ou le concessionnaire. Enfin, en cas d'occupation de terrain du domaine privé de l'Etat ou du domaine public, quel que soit la nature et la qualification du titre d'occupation, la taxe est due par l'occupant.

Paragraphe II. Les exonérations

Elles sont accordées en fonction de la qualité du propriétaire de l'immeuble ou de la destination de l'immeuble.

Ainsi, sont exonérés de la taxe foncière :

- les immeubles, bâtiments ou constructions appartenant à l'Etat, aux collectivités territoriales, aux établissements publics et aux syndicats inter collectivités, lorsqu'ils sont affectés à un service public ou d'utilité générale et sont improductifs de revenu ;
- les installations qui, dans les gares des chemins de fer, les ports fluviaux ou aériens et sur les voies de navigation intérieure font l'objet de concession d'outillage public accordé par l'Etat à des chambres de commerce, d'industrie, des métiers, des mines ou d'agriculture, à des conseils de chargeurs ou à des municipalités et autres personnes, et qui sont exploitées dans les conditions fixées dans un cahier de charge ;
- les ouvrages établis pour la distribution de l'eau potable ou de l'énergie électrique et appartenant à l'Etat, aux collectivités territoriales, aux établissements publics[219] ;
- les édifices servant à l'exercice public de culte ;

droit de propriété. ». CORNU Gérard, Vocabulaire juridique, Quadrige, PUF, 2011 P. 1047.

[217] Il s'agit d'un bail par lequel un propriétaire concède un immeuble pour une durée de 18 à 99 ans, moyennant une redevance annuelle modique, à un preneur nommé emphytéote qui acquière le droit réel d'emphytéose.

[218] Le domaine public est constitué de l'ensemble des biens immobiliers classés ou délimités affectés ou non à l'usage du public. Article 5 de l'ordonnance n°00-027/P-RM du 22 mars 2000, modifiée, portant Code domanial et foncier.

[219] Ces installations appartiennent à la société de gestion de l'eau potable et à la société Energie du Mali.

- les immeubles à usage scolaire non productifs de revenu ;
- les immeubles affectés à des œuvres d'assistance médicale ou sociale, non productifs de revenu ;
- les immeubles servant aux exploitations agricoles pour loger les animaux ou serrer les récoltes, non productifs de revenu ;
- les terrains nus affectés à l'agriculture ;
- les cases en paille non productives de revenu ;
- les immeubles non loués occupés par le propriétaire et/ou les membres de la famille de celui-ci à condition qu'ils soient légalement à sa charge ;
- les terrains de sport non productifs de revenu ;
- les immeubles appartenant aux entreprises conventionnées ou bénéficiant de la stabilité du régime fiscal, sous réserve qu'ils fassent partie intégrante de la convention ;
- les terrains nus improductifs de revenus situés dans les communes rurales.

SECTION II. LA BASE D'IMPOSITION

La taxe foncière est assise sur la valeur locative annuelle des immeubles visés à l'article 185-E au 1er janvier de l'année précédant celle de l'imposition.

On entend par valeur locative, le prix que le propriétaire peut, dans les conditions économiques normales, tirer de l'immeuble lorsqu'il le donne à bail ou s'il l'occupe lui-même.

La valeur locative est déterminée au moyen de baux authentiques ou de locations verbales passées dans les conditions économiques normales. En l'absence d'acte de l'espace, l'évaluation est faite par comparaison avec des locaux dont le loyer aura été régulièrement constaté ou sera notoirement connu ou déterminé par la méthode cadastrale ou administrative. Si aucun de ces moyens ne peut être appliqué, la valeur locative est déterminée par voie d'appréciation directe. La valeur locative des terrains à usages industriel ou commercial est représentée par le loyer payé pour l'occupation desdits terrains.

Des obligations de déclaration et de paiement de la taxe pèsent sur les contribuables. Leur non-respect fait l'objet de sanctions peu ou prou dissuasives.

SECTION III. LES OBLIGATIONS DÉCLARATIVES

Pour la détermination des valeurs locatives, les assujettis (propriétaires, locataires principaux, les gérants d'immeubles) sont tenus de souscrire, chaque année et au plus tard le 31 mars, une déclaration au service des impôts indiquant, au 1er janvier de l'année considérée : l'emplacement (localité, quartier, rue, numéro du lot et/ou du titre foncier), les prénoms et nom usuel ou raison sociale de la personne morale, la consistance des locaux loués, le montant du loyer, les prénoms et nom usuel ou raison sociale de chaque occupant à titre gratuit, la consistance du local occupé, la consistance des locaux occupés par le propriétaire lui-même, la consistance des immeubles vacants[220].

En outre, les déclarants sont tenus de fournir par écrit, les renseignements et les éclaircissements nécessaires à la détermination des valeurs locatives lorsque l'agent chargé de l'assiette de la taxe leur en fait la demande. En cas de refus, la déclaration fait l'objet d'une rectification d'office. Le montant de la taxe liquidé est majoré d'une amende égale à 25% du montant des droits dus. La même sanction s'applique aux contribuables qui n'a pas fait de déclaration ou qui a fait une déclaration hors délai ou une déclaration minorée.

SECTION IV. LE RECOUVREMENT DE LA TAXE

Les rôles ou rapports de liquidation de la taxe foncière sont établis par les services d'assiette des impôts à partir des valeurs locatives. Ils sont rendus exécutoires par décision du Directeur général des impôts qui peut, selon les cas, déléguer ses pouvoirs au Directeur des grandes entreprises, au Directeur des moyennes entreprises, au Directeur des Impôts du district de Bamako, au Directeur régional des Impôts.

---

[220] Pour ce faire, les contribuables utilisent le modèle d'imprimé de déclaration mis à leur disposition par le service d'assiette du ressort de la DGI.

Les rôles ou rapports de liquidation, régulièrement mis en recouvrement sont exécutoires contre les contribuables qui y sont souscrits mais aussi contre leurs représentants ou ayants cause.

Les droits sont exigibles dès la date de mise en recouvrement.

Sont étendues à la taxe foncière, les procédures de recouvrement, les sûretés et les garanties, les modes de contrôle ainsi que le contentieux de l'impôt sur le revenu foncier. Ainsi, la taxe foncière est intimement liée à l'impôt foncier. Or, l'impôt foncier[221] soulève des difficultés quant à sa gestion. Ce qui pourrait amener certains à souligner que la taxe foncière connaîtra les mêmes difficultés.

TITRE III. LA FISCALITÉ LOCALE

La fiscalité locale désigne l'ensemble des impôts, droits, taxes et redevances dont le produit est destiné aux collectivités territoriales. Ces divers prélèvements sont destinés à financer le développement des collectivités territoriales222. Dès lors la fiscalité locale devient un pan essentiel de la décentralisation.

Ce titre, consacré à la fiscalité locale, abordera la contribution des licences (chapitre I), la taxe de voirie (chapitre II), la taxe de développement régional et local (chapitre III), la taxe sur les armes à feu (chapitre IV), la taxe sur le bétail (chapitre V).

A rappeler que la contribution des patentes, impôt dont le produit est affecté aux collectivités territoriales, a déjà été examinée au niveau du titre qui traite de la fiscalité des entreprises.

---

[221] L'impôt sur le revenu foncier est peu ou prou recouvré au Mali.

[222] Voyez dans ce sens la Loi n°2011-036 du 15 juillet 2011, modifiée, déterminant les ressources fiscales des communes, cercles et régions du Mali et la Loi 96-058 déterminant les ressources fiscales du district de Bamako et des communes qui le composent.

CHAPITRE I.

LA CONTRIBUTION DES LICENCES

La contribution des licences fait partie des impôts locaux dans la mesure où elle est listée avec les impôts locaux au terme la Loi n°2011-036 du 15 juillet 2011 relative aux ressources fiscales des communes, des cercles et régions du Mali et de celui de la Loi n°96-058 du 16 octobre déterminant les ressources fiscales du district de Bamako et des communes qui le composent.

La contribution des licences est régie par les articles 145 à 150 du CGI. La contribution des licences est indépendante de celle des patentes ; l'une n'exclut pas l'autre dès lors que les conditions d'application des deux impôts ont réunies.

Les dispositions relatives à l'assiette et aux modalités de recouvrement des patentes y compris les sanctions et pénalités sont applicables en matière de contribution des licences[223]. Il en est de même des obligations déclaratives, de l'affichage, de l'apposition et de la production des formules de patente.

Ce chapitre consacré à la contribution des licences se subdivise en trois sections : la première présente ses caractéristiques (section I), la deuxième détermine son champ d'application (section II) et la troisième précise la détermination de son assiette (section III).

SECTION I. LES CARACTÉRISTIQUES DE LA CONTRIBUTION DES LICENCES

La contribution des licences est annuelle et personnelle. Elle est due par établissement selon les mêmes règles que la contribution des patentes. Le cumul de la vente, en gros ou en détail, des boissons alcooliques ou fermentées à consommer sur place ou emporter avec un autre commerce dans le même établissement emporte le paiement de la contribution des licences et de la contribution des patentes.

---

[223] C'est ce qui ressort des dispositions de l'article 149 du Code général des impôts.

SECTION II. LE CHAMP D'APPLICATION

Seront successivement abordées les personnes imposables et les personnes exemptées.

Paragraphe I. Les personnes imposables

Les licences s'appliquent aux personnes physiques ou morales qui se livrent à la vente en gros ou en détail des boissons alcooliques ou fermentées à consommer sur place ou emporter.

Est assimilée à une vente toute remise de boissons alcooliques faites à l'occasion de transactions commerciales, que ce soit à titre d'échange, de troc ou même de cadeau[224].

Paragraphe II. Les exemptions

Sont exemptées de la contribution des licences, les personnes relevant de l'impôt synthétique. La licence n'est pas due par le commerçant qui se limite à vendre, exclusivement pour emporter, de la bière, de la limonade gazeuse, de l'alcool de menthe pharmaceutique et tous autres produits médicamenteux (article 145 alinéa 3).

Sont aussi exemptées de la contribution des licences les associations sportives, culturelles, récréatives et autres ne vendant que des boissons non alcoolisées ainsi que les cercles ne poursuivant aucun but lucratif.

SECTION III. LA DÉTERMINATION DE LA CONTRIBUTION DES LICENCES

La licence se compose d'un droit fixe. Elle comprend quatre classes suivant la nature des opérations. Le tarif applicable à chaque classe est indiqué dans le tableau D du Code général des impôts. L'application des licences nécessite le recours à la classification des personnes selon le Code général des impôts. Le Code général des impôts classe les personnes en quatre classes :

- la première classe concerne les exploitants de bar à l'intérieur d'une gare ou d'un aérodrome, les exploitants de café-concert,

[224] Il a lieu de reformuler cette disposition pour la rendre plus précise. Au plan formel, un cadeau n'est pas une transaction encore moins un échange.

les exploitants de café avec jeux divers ou terrasse, les exploitants de café-restaurant ;

- la deuxième classe a trait aux cabaretiers, aux exploitants de café sans jeux divers ou terrasse, aux cantiniers, aux exploitants de wagon - bar- restaurant ou restaurant sur bateau ;
- la troisième classe est relative aux restaurateurs, cantiniers, gargotiers, aux exploitants de pension bourgeoise ne livrant de boissons alcoolisées ou fermentées qu'à l'occasion des repas servis par eux, aux commerçants en gros ou en détail vendant des boissons alcoolisées ou fermentées à emporter, aux marchands de boissons fermentées au petit détail à consommer sur place ;
- la quatrième classe vise la situation des commerçants vendant à consommer sur place exclusivement les boissons visées à l'article 145 alinéa 3 du code, c'est-à-dire de la bière, de la limonade gazeuse, de l'alcool de menthe, des commerçants de boissons locales (dolo, hydromel, autre que le vin de palme).

Aux termes de l'article 147 du CGI, lorsque plusieurs professions comprises au tableau D sont exercées dans le même établissement, le droit fixe le plus élevé est le seul exigible.

Tableau D

	Bamako	Autres chefs-lieux de région	Autres localités
Première classe	150.000 f	125.000 f	75.000 f
Deuxième classe	100.000 f	62.500 f	37.500 f
Troisième classe	50.000 f	37.500 f	18.000 f
Quatrième classe	25.000 f	12.500 f	9.000 f

CHAPITRE II.

LA TAXE DE VOIRIE

Instituée par le CGI[225], la taxe de voirie est perçue au profit de la commune. Elle est due par les personnes physiques et morales assujetties à la patente et les familles vivant à l'intérieur d'une concession.

Le produit de la taxe revient à 100% à la commune sur le territoire duquel elle a été recouvrée. Pour Bamako, le produit de la taxe est affecté au budget du district à 100%[226].

Afin de mieux cerner la taxe de voirie, ce chapitre est structures en deux principales sections : la première s'attache aux taux (section I) et la seconde les sanctions (section II).

SECTION I. LES TAUX

Le taux maximum de la taxe voirie est, selon le cas, fixé à :

1. 5% du montant des droits de patente professionnelle ;

2. 3.000 francs par an et par famille vivant à l'intérieur d'une concession dans le district de Bamako.

3. 2.000 francs par an et par famille vivant à l'intérieur d'une concession dans les autres localités du pays.

Pour le cas des familles, l'émission et le recouvrement de la taxe de voirie peuvent être assurés conjointement avec la taxe de développement local régional et local ou la patente.

SECTION II. LES SANCTIONS

En cas de refus de paiement, une sommation est faite à l'assujetti. Lorsqu'elle reste infructueuse, le redevable reçoit un deuxième

---

[225] Article 151 du CGI.

[226] Il est à noter, pour cette localité, que c'est au district qu'incombent les travaux de voirie.

avertissement et une mise en demeure. Viennent à la suite de cette étape la saisie des biens du contribuable, leur vente et la contrainte par corps.

En conclusion, la justification de cette taxe ne peut se réduire à son assise légale. Il lui faut une justification finaliste. L'impôt est une nécessité sociale, mais, pour être légitime, tout impôt doit être nécessaire. La question se pose de savoir la nécessité de cette taxe surtout dans les petites localités.

Exercices relatifs à taxe de voirie

1° Déterminer, au titre de l'année 2010, la taxe de voirie d'un commerçant en gros dont le chiffre d'affaires est 170 millions et la valeur locative des locaux 12 millions.

2° Quelle sera la répartition du produit de cette taxe entre les différents niveaux de collectivités si le commerçant exerce à Bamako ou dans une commune rurale ?

CHAPITRE III.

LA TAXE DE DÉVELOPPEMENT RÉGIONAL ET LOCAL

Instituée par la Loi n°88-64/AN-RM du 15 mars 1988, la taxe de développement régional et local (TDRL) est, de nos jours, régie par les dispositions du CGI[227] et du LPF[228]. Son produit est destiné à alimenter le budget des collectivités locales, conformément aux dispositions des lois déterminant les ressources fiscales des collectivités locales, 80% à la commune, 15% au cercle, 5% à la région. La TDRL recouvrée sur le territoire du district Bamako est transférée au budget du district à 20% et à celui de la commune sur le territoire duquel elle a été recouvrée à 80%[229].

Afin de mieux comprendre la portée et le fonctionnement de la TDRL, il convient de d'aborder son champ d'application (section I), son assiette (section II), sa liquidation et ses modalités de recouvrement (section III).

SECTION I. LE CHAMP D'APPLICATION

Seront successivement abordées, les personnes imposables et les personnes exemptées.

Paragraphe I. Les personnes imposables

La taxe de développement régional et local est due pour l'année entière par toutes personnes âgées de plus de quatorze (14) ans, résidant au Mali au 1er janvier de l'année d'imposition ou y fixant leur résidence dans le courant de l'année d'imposition.

Paragraphe II. Les exemptions

Elles sont accordées à une personne en fonction de l'emploi qu'elle occupe, de son âge, de son état physique, du nombre de

---

[227] Article 152 à 155 du CGI.

[228] Article 292 à 294 du LPF.

[229] Aux termes des dispositions de l'article 2 du décret n°00-609/P-RM du 07 décembre 2000 déterminant les ressources nécessaires au fonctionnement de l'Agence nationale d'investissement des collectivités territoriales, la contribution des collectivités territoriales au fonctionnement de l'Agence nationale d'investissement des collectivités territoriales est de 3% de la taxe de développement régional et local.

maternité ou de sa situation financière. Sont ainsi exemptés de la taxe de développement régional et local :

- les hommes de troupe ;
- les indigents ;
- les élèves des écoles et les étudiants à temps complet ;
- les personnes âgées de plus de soixante ans au 1er janvier de l'année d'imposition ;
- les invalides du travail dont le degré d'invalidité est égal ou supérieur à 50% ;
- les personnes en traitement régulier pour les maladies dont la liste fait l'objet d'un arrêté conjoint des ministres en charge de la santé et des finances ;
- les agents diplomatiques et consulaires sous réserve de réciprocité ;
- les femmes ayant fait au moins quatre maternités.

SECTION II. LA DÉTERMINATION DE LA TAXE

Les taux de la taxe de développement régional et local sont fixés dans le tableau prévu au CGI[230]. Ils peuvent, sur décision du Conseil de cercle, du Conseil municipal ou du Conseil de district, être modifiés en hausse ou en baisse à condition de ne pas excéder 25%. Les taux de la TDRL sont révisables par lesdits conseils.

SECTION III. LA LIQUIDATION ET LE RECOUVREMENT DE LA TAXE

La TDRL est établie pour l'année entière. Les rôles sont nominatifs pour les contribuables domiciliés dans les localités dont la liste est fixée par arrêté conjoint des ministres en charge de l'administration territoriale et des finances. Pour ce qui concerne les autres contribuables, les rôles sont numériques et établis au nom du Chef de village. La TDRL est exigible dès que les rôles et rapports de liquidation sont rendus exécutoires. La taxe est immédiatement exigible en cas de déménagement hors du ressort de la paierie ou de la perception

Le recouvrement incombe aux comptables publics. Toutefois, des agents désignés par le ministre en charge des finances peuvent être chargés du recouvrement des rôles.

---

[230] Article 154 du CGI.

CHAPITRE IV.

LA TAXE SUR LES ARMES À FEU

Régie par les articles 164 et 165 du CGI et les articles 99 et 100 du LPF, La taxe sur les armes à feu est due, chaque année, par tout détenteur d'une arme à feu sauf les exemptions prévues à l'article 165 du code. Elle est aussi régie par les dispositions de la Loi n° 2011-036 du 15 juillet 2011 modifiée, déterminant les ressources fiscales des communes, cercles et régions du Mali et de la Loi n°96-058 /AN-RM déterminant les ressources fiscales du district de Bamako et des communes qui le composent. La taxe sur les armes à feu est un impôt local. Le montant intégral de la taxe sur les armes à feu revient à la commune sur le territoire duquel la taxe a été recouvrée à Bamako. Ailleurs, le produit alimente le budget de la commune à 80%, le budget du cercle à 15% et le budget de la région à 5%.

L'examen sommaire de cette taxe exige que l'on aborde son champ d'application (section I), que l'on rappelle les tarifs applicables (section II), que l'on précise les sanctions encourues en cas d'inobservation des règles y afférentes (section III).

SECTION I. LE CHAMP D'APPLICATION DE LA TAXE

Il s'agira de déterminer les personnes imposables et celles exemptées de la taxe.

Paragraphe I. Les personnes imposables

Tout détenteur d'armes à feu est astreint au paiement de la taxe sur les armes à feu. C'est ce que traduisent les dispositions de l'article 164 du CGI.

Les détenteurs d'armes hors d'usage ne sont pas imposés que lorsqu'ils procèdent à la remise au bureau de l'administration de sous-préfet leurs armes aux fins de radiation.

En principe, les personnes imposables sont facilement répertoriées dans la mesure où l'achat et la détention d'armes à feu doivent être autorisées et déclarées.

Paragraphe II. Les exonérations

Sont exonérés de la taxe :

- les revolvers d'ordonnance des officiers et sous-officiers en activité de service ou appartenant à la réserve de l'armée ;
- les armes à feu à l'usage des troupes, de la police ou toute autre force publique ;
- les armes à feu existant dans les magasins et entrepôts du commerce, tant qu'elles n'ont pas été mises en usage.

SECTION II. LA DÉTERMINATION DE LA TAXE

Les tarifs sont les suivants :

Armes rayées d'un calibre supérieur à 7 mm	7.500 F
Revolvers et pistolets	5.000 F
Armes de traite	625 F
Carabine à canon rayé à coup de calibre 6 mm et 5,5 mm	1.250 F
Carabine à canon lisse de calibre 9 mm, 12 mm et 14 mm	1.250 F
Autres armes rayées ou perfectionnées non rayées	5.000 F

SECTION III. LES SANCTIONS

Au moment de la vente d'une arme à feu, le vendeur fait parvenir, dans le mois qui suit la vente, un exemplaire de l'acte de vente au Directeur des impôts du district de Bamako ou au Directeur régional des impôts pour servir à la mise à jour des rôles ou rapports de liquidation.

L'inobservation de cette obligation rend le vendeur redevable du double des droits exigibles.

Exercices relatifs à la taxe sur les armes à feu

1. Déterminer, au titre de l'année 2010, la taxe sur les armes à feu de Monsieur TRAORE, détenteur d'une arme de traite.

Quel est le montant de la taxe si Monsieur TRAORE détenait en plus un revolver ?

2. A supposer que Monsieur TRAORE réside dans une commune rurale, procéder à la répartition du produit de la taxe entre la commune, le cercle et la région.

CHAPITRE V.

LA TAXE SUR LE BÉTAIL

Aux termes des dispositions du CGI, il est établi au profit du budget des collectivités locales la taxe sur le bétail. La taxe sur le bétail est due pour l'année entière. Le produit de la taxe sur le bétail alimente le budget des collectivités locales.

Afin de mieux appréhender l'essentiel des aspects de la taxe sur le bétail, ce chapitre sera structuré autour des points suivants :

- la première section est consacrée au champ d'application (section I) ;
- la deuxième section examine les modalités de détermination de la taxe (section II) ;
- la troisième section aborde les obligations des contribuables (section III).

SECTION I. LE CHAMP D'APPLICATION

L'étude sommaire du champ d'application conduit à aborder les personnes imposables et les exonérations.

Paragraphe I. Les personnes imposables

Sont soumis à la taxe sur le bétail, les possesseurs de chevaux, chameaux, ânes, bœufs, moutons et chèvres.

Paragraphe II. Les exonérations

Elles concernent les bœufs de trait et de labour et les animaux possédés par un contribuable de l'impôt proportionnel sur les bénéfices agricoles ou en vertu de règlements administratifs.

SECTION II. LA DÉTERMINATION DE LA TAXE

Le tarif de la taxe est fixé comme suit :

Chevaux	800 F
Chameaux	300 F
Bovins	250 F
Anes	100 F
Moutons et chèvres	50 F

La taxe est due pour l'année entière d'après le nombre d'animaux détenus au 1er janvier de chaque année d'imposition.

SECTION III. LES OBLIGATIONS DÉCLARATIVES

Les contribuables doivent déclarer les animaux pour lesquels ils sont imposés avant le 31 janvier au chef de la circonscription administrative. Les personnes imposées par rôles numériques peuvent faire leur déclaration par l'intermédiaire des chefs de village ou de tribu.

Le défaut de déclaration entraîne une taxation d'office avec application d'une majoration de 10% du montant des droits liquidés.

En conclusion, on peut observer que les porcs ne sont pas imposés. Ce qui pourrait rétrécir l'assiette fiscale surtout si l'on sait que dans certaines localités du pays ce type d'animal est en nombre très élevé.

TROISIÈME PARTIE :

LES IMPÔTS INDIRECTS

Les impôts indirects sont dus à l'occasion de l'utilisation du revenu ou du capital, c'est pour cette raison qu'on les appelle également impôts sur la dépense ou sur la consommation. La fiscalité indirecte regroupe les impositions dont la charge incombe à une personne dénommée redevable réel mais dont les obligations vis-à-vis du fisc reposent sur une autre personne appelée redevable légal.

Le consommateur qui supporte réellement la charge de la taxe ne ressent pas directement son effet. Les taxes ou impôts indirects sont inclus dans le prix des biens ou services et sont prélevés pour le compte du fisc par le fournisseur, à charge pour lui de les reverser au trésor public.

Au Mali, la taxe sur la valeur ajoutée (TVA) occupe une place centrale parmi les impôts indirects (titre I). Le législateur a institué d'autres impôts indirects en plus de cette taxe (titre II).

TITRE I. LA TAXE SUR LA VALEUR AJOUTÉE

Introduite au Mali en 1990 en remplacement de l'impôt sur les affaires et services et de la taxe sur les prestations de service[231], la taxe sur la valeur ajoutée (TVA), invention française,[232] revêt une grande importance pratique ; elle est un instrument important de mobilisation des recettes fiscales. La TVA est un impôt général sur les produits et les services qui assure une égalité de taxation au niveau du consommateur final entre produits locaux et ceux importés, et cela quelle que soit la longueur des circuits de productions et de distribution ou la nature des moyens mis en œuvre[233].

---

[231] Loi n°90-115/AN-RM du 31 décembre 1990 institue la TVA en supprimant l'impôt sur les affaires et services jugé trop complexe.

[232] Terme créé par Maurice Lauré en 1954. Aujourd'hui, la TVA figure dans le système fiscal de 153 des 193 pays du monde. Pour une vue d'ensemble, voyez Brunel Denys, La TVA, Invention française, révolution mondiale, Eyrolles, 2012 et KOFFI (Moïse Koumoué), La taxe sur la valeur ajoutée dans le développement économique de la Côte d'Ivoire, LGDJ, 1981.

[233] EGRET Georges, La TVA, Que sais-je ?, Troisième édition mise à jour 21°µmille, PUF, P.35.

Sont soumis à la TVA, les redevables relevant du régime du bénéfice réel d'imposition. Le régime du bénéfice réel d'imposition est applicable :

- aux contribuables réalisant un chiffre d'affaires annuel supérieur ou égal à 50 millions de francs hors taxe ;
- aux conseils fiscaux, aux comptables agréés et experts comptables agréés, aux entreprises agréées à l'un des régimes du Code des investissements ;
- à toute personne assujettie à l'impôt synthétique mais ayant opté pour le régime réel d'imposition.

Le régime réel d'imposition comporte deux modes, à savoir le mode du réel simplifié qui concerne les contribuables dont le chiffre d'affaires annuel est supérieur ou égal à cinquante (50) millions de francs hors taxes mais inférieur ou égal à un milliard de francs hors taxes et les contribuables assujettis à l'impôt synthétique ayant opté pour le régime du bénéfice réel d'imposition et le mode du réel normal concerne tous les contribuables dont le chiffre d'affaires annuel est supérieur à un milliard de francs hors taxes[234].

La TVA sera présentée à travers l'étude du champ d'application (chapitre I), des modalités de calcul (chapitre II), des régimes d'imposition ou des obligations des redevables et des sanctions (chapitre III).

[234] Les conditions d'éligibilité à l'un ou l'autre mode sont déterminées par le CGI.

CHAPITRE I.

LE CHAMP D'APPLICATION DE LA TVA

La TVA est d'un champ d'application large. Il pose le principe général de l'assujettissement lorsque l'opération est effectuée au Mali. Le champ d'application sera envisagé du point de vue des opérations imposables (Section I), des personnes assujetties (section II), des opérations exonérées (section III).

SECTION I. LES OPÉRATIONS SOUMISES À LA TVA

Le CGI[235] soumet à la TVA les opérations relevant d'une activité économique que constituent les livraisons de biens et les prestations de service effectuées au Mali, à titre onéreux, par un assujetti. Sont réputées activités économiques, les activités du secteur économique, industriel, commercial, artisanal, libéral, agricole et forestier.

Les opérations imposables peuvent être regroupées en quatre grandes catégories : les livraisons de biens (paragraphe I), y compris les livraisons à soi-même (paragraphe II), les prestations de service (paragraphe III) et les importations (paragraphe IV).

Paragraphe 1. Les livraisons de biens

La livraison de bien consiste en un transfert de propriété, même si ce transfert résulte d'une réquisition de l'autorité publique. Le CGI, assimile à des opérations de livraisons de biens l'échange, l'apport en société à titre onéreux, la vente à tempérament, les travaux immobiliers, la fourniture d'eau, d'électricité, de gaz et de télécommunication.

La livraison d'un bien meuble corporel s'entend du transfert du pouvoir de disposer de ce bien comme un propriétaire.

L'échange s'analyse en une double vente, imposable sur la valeur des objets reçus en paiement, majorée éventuellement de la soulte versée pour parfaire le prix.

---

[235] Article 187 du CGI.

Les opérations concourant à la production ou à la livraison (la première) d'immeubles sont soumises à la TVA.

Paragraphe II. Les livraisons à soi même

La livraison à soi-même est l'opération par laquelle une personne obtient, avec ou sans le concours de tiers, un bien ou une prestation de services à partir de biens, d'éléments ou de moyens lui appartenant.

Le CGI a défini les cas d'imposition des livraisons ou de prestations à soi-même[236].

Cette disposition a pour objet d'éviter que la notion de livraisons et prestations à soi-même puisse être invoquée pour des biens n'ayant pas ouvert droit à déduction. Cet article vise à empêcher qu'une entreprise soumette à la TVA le service qu'elle se rend à elle-même pour l'exercice d'une activité située hors du champ d'application de la TVA.

Paragraphe III. Les prestations de service

Les prestations de service sont constituées de toutes les activités qui relèvent du louage d'industrie ou du contrat d'entreprise par lequel une personne s'oblige à exécuter un travail quelconque en contrepartie d'une rémunération.

Le CGI[237] prévoit que les prestations de service effectuées à titre onéreux par un assujetti entrent dans le champ d'application de la TVA. La notion de prestations de service est très large et comprend notamment :

- les locations de biens meubles et immeubles ;
- la cession ou la concession de biens meubles incorporels (brevets, marques de fabrique…) ;
- les opérations de leasing et de crédit-bail ;
- le transport de personnes et de marchandises, le transit et la manutention ;

---

[236] Article 189.1 du CGI.
[237] 188.2 du CGI.

- les opérations réalisées dans le cadre d'une activité libérale, de travaux d'études, de conseil, d'expertise et de recherche ;
- les ventes à consommer sur place de produits alimentaires ou de boissons ;
- réparation avec ou sans pose de pièces et le travail à façon.

Les livraisons par un assujetti à lui-même de travaux immobiliers, d'immeubles neufs bâtis, de biens ou de produits extraits ou fabriqués par lui-même et qu'il utilise soit pour ses besoins propres ou ceux des diverses exploitations soit pour la réalisation de prestation de service.

Paragraphe IV. Les importations[238]

Le CGI définit l'importation comme une opération qui consiste au franchissement du cordon douanier au Mali pour la mise à la consommation de marchandises provenant de l'extérieur ou placées jusqu'alors sous un régime douanier suspensif.

La TVA est acquittée par le déclarant en douane lors du dépôt de la déclaration de mise à la consommation[239].

Pour qu'il y ait activité économique taxable, il faut une opération entre deux personnes distinctes et moyennant une contrepartie en espèces ou en nature, quels que soient les buts poursuivis ou les résultats obtenus.

Sont réputées personnes distinctes :

- - les personnes juridiques différentes, si toutes les parties à l'opération sont établies au Mali ;
- - les personnes juridiques différentes ou les établissements, agences, bureaux, succursales, si l'une des parties ayant ou non un statut juridique distinct est située hors du Mali.

---

[238] Par importation, il faut le franchissement du cordon douanier pour la mise à la consommation, qu'il s'agit de marchandise provenant de l'extérieur ou placées sous un régime douanier suspensif.

[239] La classification des produits soumis à la TVA à l'importation est déterminée par référence à la dénomination et aux caractéristiques de ces mêmes produits dans le tarif général des douanes.

SECTION II. LES PERSONNES ASSUJETTIES À LA TVA

Aux termes des dispositions de l'article 191 du CGI, sont assujetties à la TVA les personnes physiques ou morales, y compris celles du secteur public économique, qui effectuent d'une manière indépendante, à titre habituel ou occasionnel, des opérations soumises à la TVA, quels que soient leur statut juridique, leur situation au regard des autres impôts et la forme ou la nature de leur intervention.

Les personnes assujetties sont celles dont l'activité consiste à réaliser des opérations imposables. Il existe deux catégories de personnes assujetties : celles assujetties de plein droit (paragraphe I) et celles assujetties après l'exercice d'une option expresse pour le paiement de la TVA (paragraphe II).

Paragraphe I. Les personnes assujetties de plein droit

Sont assujetties à la TVA les personnes physiques et morales, y compris celles du secteur public économique, qui effectuent d'une manière indépendante, à titre habituel ou occasionnel, des opérations soumises à la TVA quels que soient leurs statuts juridiques, leur situation au regard des autres impôts et la forme ou la nature de leur intervention[240].

Sont assujettis de plein droit à la TVA lorsqu'ils réalisent un chiffre d'affaires hors taxes supérieur à 50 millions de francs :

- les personnes qui revendent en l'état des produits qu'ils ont importés ou acquis sur le marché local ;
- les vendeurs des immeubles neufs bâtis ;
- les producteurs ;
- les entrepreneurs de travaux immobiliers ;
- les fournisseurs d'eau, d'électricité, de gaz et de télécommunication ;
- les prestataires de service.

Sont assujetties de plein droit à la TVA, les importateurs, les revendeurs en l'état de biens meubles ou produits importés ou acquis

[240] Voyez les articles 192 à 194 du CGI.

sur le marché local, les personnes qui vendent des immeubles neufs bâtis, les producteurs, les entrepreneurs de travaux immobiliers.

A. Les importateurs

Il s'agit de ceux qui effectuent des opérations d'importations. Ont la qualité d'assujettis de plein droit les importateurs quel que soit le chiffre d'affaires qu'ils auraient réalisé.

B. Les revendeurs en l'état de biens meubles ou produits importés ou acquis sur le marché local

Pour que les revendeurs en l'état de biens meubles ou produits importés ou acquis sur le marché local aient la qualité d'assujetti, il faut :

- que les biens qu'ils vendent aient été préalablement achetés, c'est-à-dire acquis à titre onéreux soit à l'étranger (cas de biens importés) soit sur le marché local. En conséquence, les personnes qui vendent, par exemple, des biens qui leur proviennent d'une succession ou d'une dotation ne sont pas assujetties à la TVA ;
- que les biens fassent l'objet d'une vente. Il s'agit en fait d'une revente, puisque les biens vendus ont fait préalablement l'objet d'un achat ;
- que ces biens soient revendus dans le même état que celui dans lequel ils ont été acquis. Si entre l'achat et la revente, le bien subit des transformations telles qu'elles confèrent au revendeur la qualité de producteur, la revente de ces biens n'en reste pas moins taxable, mais dans ce cas, l'assujetti est passible de la TVA non en qualité de revendeur en l'état mais en sa qualité de producteur.

C. Les personnes qui vendent des immeubles neufs bâtis[241]

Par immeuble bâti, il faut entendre non seulement les constructions fixées au sol à perpétuelle demeure et présentant le

---

[241] Article 192 du CGI.

caractère de véritables bâtiment (maisons, usines, hangars…) mais également, par exemple :

- les installations destinées à stocker des produits (châteaux d'eau, réservoirs, cuves), scellées au sol à perpétuelle demeure ;
- les ouvrages d'art, tels que les ponts, canaux, aqueducs.

Les sols des bâtiments, installations et ouvrages sont assimilés à des immeubles bâtis dès lors qu'ils constituent une dépendance immédiate et indispensable de ces constructions.

Les personnes qui vendent des immeubles neufs bâtis ne sont passibles de la TVA que si les immeubles bâtis qu'elles vendent sont neufs. Par neuf, il faut entendre un immeuble qui n'a encore jamais été utilisé ou occupé. Un immeuble neuf n'est donc pas obligatoirement un immeuble achevé, prêt à être occupé ou utilisé. Les immeubles inachevés doivent donc être considérés comme des immeubles neufs puisqu'ils n'ont pas encore été utilisés.

D. Les producteurs

L'article 193-III du CGI donne la définition de producteur. La notion fiscale de producteur est très générale, elle recouvre un large éventail d'activités économiques. Par producteur, il faut entendre :

I. Les producteurs directs

Est considéré comme un producteur direct au sens de l'article 193-III-1 du CGI :

- celui qui, à titre principal ou accessoire, fabrique des biens ou leur fait subir des façons comportant ou non l'emploi d'autres matières, soit pour la fabrication des biens soit pour leur présentation commerciale ;
- celui qui se substitue en fait au fabricant pour effectuer ces opérations[242].

[242] Article 193-III-2.

II. Les producteurs indirects ou par tiers

Conformément aux dispositions de l'article193-III-3 du CGI, est producteur indirect ou par tiers, la personne qui fait façonner, assurer la présentation commerciale ou effectuer un autre acte de production, pour son compte, par un tiers :

- soit en lui fournissant tout ou partie des matières premières nécessaires à l'élaboration du produit ;
- soit en lui imposant des techniques résultant de brevets, procédés ou formules dont il possède la jouissance ;
- soit en se réservant l'exclusivité de la vente. Dans ce cas, l'exclusivité doit s'accompagner d'autres circonstances, notamment de directives particulières imposées au fabricant ou de lien de dépendance entre fabricant et vendeur ;
- soit en faisant apposer sa propre marque sur les biens vendus si ces biens sont vendus à un prix supérieur à celui des objets similaires non revêtus de sa marque.

III. Les entreprises de rénovation ou de transformation[243]

Par rénover, il faut entendre le fait de remettre en état un bien en y apportant des éléments nouveaux, neufs ou d'occasion, dont la valeur est supérieure à celle de l'objet usagé, augmenté du coût de la main d'œuvre.

Par transformer, c'est modifier les caractéristiques de forme ou de composition initiale d'un objet ou d'un produit. La transformation s'entend de tout travail consistant à apporter à un produit donné des modifications de forme et de composition.

E. Les entrepreneurs de travaux immobiliers

Selon les dispositions de l'article 193 du CGI, les entrepreneurs de travaux immobiliers sont assujettis de plein droit à la TVA. Par travaux immobiliers, il faut entendre tous les travaux exécutés par les différents corps de métiers participant à la construction, l'entretien et la réparation de bâtiments et d'ouvrages immobiliers, les travaux publics,

---

[243] Article 193-III-4.

les travaux de chaudronnerie du bâtiment et de construction métallique, les travaux de démolition, les travaux accessoires préliminaires à des travaux immobiliers.

Paragraphe II Les personnes assujetties sur option

L'option pour l'assujettissement à la TVA permet aux personnes qui l'exercent de bénéficier du régime des déductions, donc de récupérer la taxe qui a grevé les éléments constitutifs du prix de revient des produits ou des services qu'elles fournissent et de permettre en principe à leurs clients imposables à la TVA d'opérer la déduction de la taxe ayant frappé tous les éléments du prix des fournitures qui leur sont faites.

L'option est avantageuse pour le professionnel dont la clientèle est pour l'essentiel constituée par des redevables de la TVA. Elle l'est d'autant plus que les investissements et les frais grevés de TVA représentent une part plus élevée des dépenses professionnelles de l'intéressé.

L'option est ouverte limitativement à certaines personnes. Elle doit être exercée suivant des modalités précises et a plusieurs conséquences.

A. Les personnes pouvant opter

En vue d'encourager les investissements, la législation fiscale permet aux entreprises qui, par suite d'une convention d'établissement bénéficient d'un régime spécial au regard de la taxation du chiffre d'affaires, de continuer à acquitter, à titre transitoire et jusqu'à l'expiration de la convention en cours, les mêmes taxes sur le chiffre d'affaires, au même taux et selon les mêmes conditions que ceux prévus dans la convention.

Lesdites entreprises sont autorisées à exercer une option pour l'imposition à la TVA dans les conditions de droit commun et à renoncer ainsi au régime particulier qui leur avait été consenti en matière de taxation du chiffre d'affaires.

Les entreprises relevant de plein droit du régime de l'impôt synthétique peuvent, avant le 1er novembre de chaque année, opter pour le mode du réel simplifié. L'option prend alors effet à compter du 1er janvier de l'année suivant celle au cours de laquelle elle est exercée. Elle est irrévocable pendant trois exercices consécutifs. A la fin de ce délai, elle peut être dénoncée expressément par le contribuable auprès du Centre des Impôts dont il relève. La dénonciation doit alors intervenir dans le mois de janvier suivant la fin des trois exercices consécutifs cités ci-dessus.

B. Les modalités d'exercice et les conséquences de l'option

Pour les entreprises conventionnées, l'option est exercée sous la forme d'une lettre recommandée avec accusé de réception adressée au Directeur général des Impôts. Elle prend effet le premier jour du mois qui suit la date de l'accusé de réception. Cette option est irrévocable. En l'absence d'exercice de l'option visée ci-dessus, les entreprises conventionnées ne sont pas en droit de déduire la TVA ayant grevé leurs achats et leurs frais généraux[244].

Pour la généralité, les redevables peuvent exercer ou non l'option. Mais s'ils l'exercent, elle doit être expresse. Cette option constitue une condition déterminante de la validité de l'assujettissement à la TVA. Autrement dit, le simple fait de déposer une déclaration de chiffre d'affaires et de payer la TVA correspondante ne peut valoir option.

Si elle est exercée, l'option est totale et irrévocable. Cela signifie :

- qu'elle porte sur la totalité des produits et services taxables ;

- qu'une fois qu'il l'a exercée, le contribuable ne peut plus y renoncer, par exemple en la dénonçant. Son activité sera définitivement, pour le futur, passible de la TVA quelle que soit l'importance du chiffre d'affaires réalisé.

L'entreprise autorisée à opter et ayant effectivement opté pour le paiement de la TVA se trouve assimilée sans restriction ni réserve à une entreprise assujettie de plein droit à la TVA, elle est donc soumise à l'ensemble des obligations qui incombent aux redevables de cette taxe.

---

[244] Voyez dans ce sens l'article 237 du CGI.

SECTION III. LES OPÉRATIONS EXONERÉES

On parle d'exonération lorsqu'une opération entrant normalement dans le champ d'application de la TVA est dispensée de cette taxe par une disposition légale spéciale. En effet, certaines opérations, qui seraient normalement passibles de la TVA, en sont exonérées par une disposition expresse de la loi. Les exonérations sont d'interprétation stricte : leur application ne saurait être étendue par voie d'analogie. L'exonération accordé à un produit bien déterminé bénéficie à ce seul produit et non à ses similaires. Elle entraîne l'interdiction formelle de facturer la TVA sur le montant des ventes.

Les exonérations sont limitativement énumérées par le CGI en son article 195[245]. Seront successivement abordées les exonérations destinées à éviter une double imposition (Paragraphe I), les exonérations dictées par des motifs sociaux et culturels (paragraphe II), les exonérations liées au commerce international et au transport international et assimilées (paragraphe III) et les exonérations diverses.

Paragraphe I. Les exonérations destinées à éviter une double imposition

Sont exonérées de la TVA, les activités et prestations suivantes :

- les produits ainsi que les prestations effectuées dans le cadre des jeux, soumis à une taxe spécifique ;
- les opérations des banques, établissements financiers et assurances ;
- les opérations de crédit social ou agricole effectuées par les caisses de crédit mutuel, les coopératives d'épargne et de crédit passibles à une taxe spécifique ;
- les affaires soumises à la taxe sur les contrats d'assurance ou qui en sont exonérées, effectuées par les sociétés ou compagnies d'assurance et tous autres assureurs quelle que soit la nature des risques assurés ;

[245] D'autres exonérations sont prévues par des textes spécifiques, notamment le Code minier, le Code pétrolier, le Code des investissements.

- les commissions versées aux courtiers d'assurance par les sociétés ou compagnies d'assurance ;
- les opérations soumises au droit d'enregistrement.

Paragraphe II. Les exonérations dictées par des motifs sociaux et culturels

Ne sont pas soumis à la TVA :

- les recettes se rattachant à la fourniture d'éléments d'information à l'exception des recettes de publicité et des avis et communiqués autres que ceux relatifs au décès de personnes ;
- les prestations relatives à la composition et à l'impression des écrits périodiques ;
- les droits d'entrée dans les parcs zoologiques ;
- les recettes se rattachant à l'activité d'enseignement dispensé dans les établissements agréés et reconnus d'utilité publique ;
- les prestations sanitaires et vétérinaires.

Paragraphe III. Les exonérations liées au commerce international et au transport international et assimilées

Sont exonérées de la TVA, les exportations directes de produits ou de marchandises auxquels sont assimilés :

- les affaires de vente et de transformation d'aéronefs destinés aux compagnies de navigation aérienne dont les services à destination de l'étranger représentent au moins 80% de l'ensemble des services qu'elles exploitent ;
- les ventes à ces mêmes compagnies de produits destinés à être incorporés dans leurs aéronefs ;
- les ventes de marchandises ou objets destinés à l'avitaillement de ces aéronefs ;
- les ventes effectuées sous un régime suspensif de droits de douane ou avant dédouanement sous réserve de l'exportation effective des biens vendus ;
- les ventes de biens meubles d'occasion effectuées par les particuliers ainsi que les ventes de ces mêmes biens faites par des personnes qui les ont utilisés pour les besoins de leur exploitation lorsque ces biens n'ont pas ouvert droit à déduction de la taxe lors de leur acquisition.

Paragraphe IV. Les exonérations diverses

Les ventes de biens meubles d'occasion effectuées par les simples particuliers ainsi que les ventes de ces mêmes biens faites par les personnes qui les ont utilisés pour les besoins de leur exploitation lorsque ces biens n'ont pas ouvert droit à déduction de la taxe lors de leur acquisition[246]. En revanche, sont imposables les ventes de biens mobiliers usagés faites par les personnes qui les ont utilisés pour les besoins de leur exploitation lorsque ces biens ont ouvert droit à déduction complète ou partielle de la TVA lors de leur acquisition.

Les opérations effectuées par les pêcheurs et armateurs en ce qui concerne les produits de leur pêche non transformés sont exonérés de la TVA[247]. Sont également exonérées, les ventes réalisées par les agriculteurs de produits de leur culture et de leur élevage non transformés[248].

Les ventes et cessions effectuées par l'Etat, les collectivités territoriales et leurs établissements publics n'ayant pas le caractère industriel et commercial sont exonérées de la TVA[249].

SECTION IV. LA TERRITORIALITÉ DE LA TVA

Le champ d'application de la TVA n'est pas illimité dans l'espace ; il a un caractère territorial.

Le CGI a précisé les règles de territorialité qu'il convient de présenter (Paragraphe II). Auparavant, il ne serait pas inutile de cerner la notion et la portée de la territorialité (Paragraphe I).

Paragraphe I. La notion et la portée de la territorialité

L'existence de la territorialité découle directement de la souveraineté politique des Etats. Le champ d'application territoriale de la TVA coïncide avec le territoire national. Tous les Etats ayant retenu la territorialité de la TVA, il en résulte une coordination internationale

---

[246] Article 195-I-2 du CGI.
[247] Article 195-I-3 du CGI.
[248] Article 195-I-4 du CGI.
[249] Article 195-I-6 du CGI.

de l'impôt qui permet d'assurer une neutralité des échanges internationaux. En effet, la TVA ne doit être appliquée que dans les pays de destination finale des produits. Pour cela, il suffit d'exonérer les exportations et de taxer les importations. La charge de la TVA est ainsi identique pour les produits nationaux et pour les produits importés.

Paragraphe II. Les règles de territorialité

Sont soumis au Mali à la TVA, les livraisons de biens, les prestations de service et les travaux immobiliers, effectués à titre onéreux par un assujetti agissant en tant que tel, ainsi que les importations[250].

A. Les opérations de livraisons de biens

Elles ont pour effet de transférer à un tiers la propriété d'un bien. L'opération est réputée faite au Mali, si elle est réalisée aux conditions de livraison de la marchandise au Mali, c'est-à-dire si la délivrance matérielle du bien est effectuée sur le territoire.

Lorsque le lieu de départ de l'expédition ou du transport d'un bien se trouve dans un État autre que le Mali, le lieu de la livraison effectuée par l'importateur est réputé se situer dans le pays d'importation du bien. Toutefois, lorsque celui-ci fait l'objet d'une installation ou d'un montage au Mali par le fournisseur étranger ou pour son compte, le lieu de livraison du bien est réputé se situer à l'endroit où est fait le montage ou l'installation.

Sont donc sans influence sur l'exigibilité de la TVA le lieu de conclusion de la vente, le lieu où s'effectue le paiement, le lieu où se trouve le bien au moment de la vente dès lors qu'il est destiné à être livré au Mali, la nature de la monnaie de règlement, la nationalité des acquéreurs et fournisseurs.

B. Les opérations de travaux immobiliers

Les opérations de travaux immobiliers sont réputées réalisées au Mali, lorsqu'elles sont exécutées au Mali. Par travaux immobiliers, il

---

[250] Article 196 du CGI.

faut entendre tous les travaux participant à la construction, l'entretien et la réparation d'immeubles.

C. Les prestations de service

Les prestations de service sont taxables au Mali lorsque le service rendu, le droit cédé ou l'objet loué est utilisé ou exploité au Mali. Le critère de l'imposition est donc lieu d'utilisation des services, c'est-à-dire le lieu où les services sont exploités ; dans la mesure où ils sont utilisés ou exploités au Mali, ceux-ci deviennent passibles de la TVA.

Peu importe que le prestataire possède au Mali le siège de son activité ou un établissement stable ou à défaut son domicile. Ces éléments sont sans incidence sur l'exigibilité de la TVA ; ce qu'il convient de savoir, c'est le lieu d'utilisation du service.

Illustrations :

Une entreprise située en France est chargée de réaliser une étude pour l'exécution de travaux immobiliers au Mali (construction d'un pont), le service est rendu à l'étranger mais utilisé au Mali. Il est soumis à la TVA.

Une entreprise située en Côte d'Ivoire est chargée de la tenue de la comptabilité d'une société établie au Mali ; le service est rendu à l'étranger mais utilisé au Mali. Le service est passible de la TVA.

Après avoir précisé le champ d'application de la TVA, il convient d'aborder l'assiette de cette taxe.

CHAPITRE II.

LES MODALITÉS DE CALCUL DE LA TVA

Appréhender les modalités de calcul de la TVA, exige que l'on examine successivement le fait générateur et l'exigibilité de la taxe (section I), l'assiette (section II), les taux (section III) et les déductions (section IV).

SECTION I. LE FAIT GÉNÉRATEUR ET L'EXIGIBILITÉ DE LA TVA

Le fait générateur et l'exigibilité dépendent de la nature des opérations effectuées. Il convient de définir ces deux notions et les intérêts qui s'y attachent d'abord (paragraphe I) avant d'évoquer les règles applicables (paragraphe II).

Paragraphe I. Les définitions et intérêts des deux notions

L'article 204 du CGI distingue le fait générateur de l'exigibilité. Le fait générateur se définit comme étant l'événement qui donne naissance à la créance de l'Etat, tandis que l'exigibilité est la qualité acquise à un moment donné par cette même créance de pouvoir être recouvrée sans délai par toutes voies de droit.

Le fait générateur de la taxe, c'est donc l'événement juridique ou matériel qui donne naissance à la dette fiscale ou encore le fait par lequel sont réalisées les conditions légales nécessaires pour l'exigibilité de la taxe. Il permet de déterminer quel est le régime juridique applicable en cas de changement de législation. Par exemple, en matière de taux, le taux applicable est celui en vigueur au moment où se produit le fait générateur.

Quant à l'exigibilité, elle est définie comme le droit que le trésor public peut faire valoir, à partir d'un moment donné, auprès du redevable, pour obtenir le paiement de la taxe. Elle présente un intérêt essentiel pour l'application de la TVA, en pratique. En effet, elle détermine :

- la période (mois, par exemple) au titre de laquelle le montant des opérations imposables doit faire l'objet d'une déclaration par celui qui a réalisé ces opérations et ;
- corrélativement la date à laquelle le droit à déduction de la taxe facturée au client prend naissance chez celui-ci.

Paragraphe II. Les règles applicables

Le fait générateur et l'exigibilité dépendent de la nature des opérations réalisées. A cet égard, les dispositions des articles 205 et 206 du CGI conduisent à distinguer plusieurs catégories d'opérations : les importations, les livraisons, y compris les livraisons à soi-même, les travaux immobiliers, les prestations de service.

A. Pour les importations

Le fait générateur intervient lors du franchissement du cordon douanier. Pour les marchandises placées sous un régime suspensif, le fait générateur intervient lors de la mise à la consommation et la taxe est exigible à la mise à la consommation.

B. Pour les ventes,

Le fait générateur est constitué par la livraison et la taxe est exigible lors de la réalisation du fait générateur. Toutefois, pour les ventes d'eau et d'électricité faites à l'Etat et aux collectivités décentralisées, la TVA est exigible lors du paiement du prix.

Pour les ventes donnant lieu à l'établissement de décomptes ou paiements successifs, le fait générateur est constitué à l'expiration des périodes auxquelles se rapportent ces décomptes et encaissements.

Pour les livraisons à soi-même, le fait générateur est constitué par la première utilisation ou la première mise en service. La taxe est acquittée à la réalisation du fait générateur.

C. Pour les travaux immobiliers

Pour les travaux immobiliers, le fait générateur est constitué par l'exécution des travaux. Lorsque ces travaux donnent lieu à l'établissement de décomptes ou à des encaissements successifs, le fait générateur est réputé intervenir lors de l'expiration des périodes auxquelles ces décomptes et encaissements se rapportent. La TVA est exigible lors de l'exécution des travaux ou s'il est antérieur, lors de l'encaissement des acomptes ou du prix de la rémunération.

D. Pour les prestations de service

Pour les prestations de service, le fait générateur est constitué par l'exécution du service et la TVA est exigible à l'encaissement des prix ou des acomptes. Toutefois, la taxe peut être acquittée d'après les débits sur autorisation de l'administration fiscale. En cas d'escompte d'un effet de commerce, la taxe est exigible à la date de l'échéance de l'effet.

SECTION II. L'ASSIETTE DE LA TVA

La base d'imposition est la valeur qui sert de base au calcul de l'impôt. Elle est constituée par la valeur des transactions. Les articles 198 et suivants du CGI définissent les règles générales de détermination de l'assiette[251] des opérations taxables (paragraphe I). La législation fiscale a prévu des dérogations aux règles générales dans cinq cas particuliers (paragraphe II).

Paragraphe I. Les règles générales d'assiette

L'examen des règles générales d'assiette conduit à aborder les éléments essentiels de la base d'imposition, les éléments particuliers à ajouter à la base d'imposition, les éléments particuliers à exclure de la base d'imposition.

A. Les éléments essentiels de la base d'imposition

Les éléments essentiels de la base d'imposition varient suivant la nature de l'opération : produits importés, livraisons, les livraisons à soi-même, travaux immobiliers, les prestations de service.

I. La base d'imposition des produits importés

La base d'imposable en cas d'importation doit être déterminée d'après les règles d'évaluation réelle : elle réside dans la contrepartie

[251] On parle aussi de base d'imposition.

exprimée en valeur monétaire, des valeurs réelles des importations de biens à l'exclusion des valeurs mercuriales et des valeurs barèmes.

Pour l'application de cette règle, il y a lieu de se référer aux impositions énoncées dans le Code des douanes.

II. La base d'imposition des livraisons

Pour les ventes, la base d'imposition est constituée de toutes les sommes, valeurs, biens ou services reçus ou à recevoir par le fournisseur en contrepartie de la vente. Le prix de base d'une opération doit être d'abord compris dans la base d'imposition.

Le prix s'entend de l'ensemble des paiements qui incombent au client en raison de la livraison qui lui est faite. D'une manière générale, la base d'imposition est constituée par l'ensemble des paiements en espèce ou en nature.

Pour les paiements en nature, il convient de prendre en considération la valeur de tous les biens ou services qui constituent la contrepartie des livraisons de biens effectuées.

Pour les livraisons de biens, la base d'imposition est constituée par le prix convenu entre les parties sans qu'il y ait lieu de tenir compte du fait que ce prix peut se décomposer en versements d'acomptes du prix principal et du solde.

III. La base d'imposition des livraisons à soi-même :

Pour les livraisons à soi-même, la base d'imposition est constituée par le prix de revient des biens faisant l'objet de ces livraisons. La livraison à soi-même est l'opération par laquelle une personne obtient pour l'utiliser elle-même un bien ou un produit à partir de biens, d'éléments ou de moyens lui appartenant, que cette personne fasse appel à des tiers pour tout ou partie de l'élaboration de ce bien ou de ce produit.

Pour les livraisons à soi-même, l'assiette de la TVA est constituée par le prix de revient déterminé à la date à laquelle la taxe devient exigible. Le mode de détermination de la base imposable, c'est-à-dire le prix de revient résulte de la comptabilité de l'entreprise qui se livre elle-même un bien.

IV. La base d'imposition des travaux immobiliers :

Pour les travaux immobiliers, la base d'imposition est constituée par le montant des mémoires, marchés, factures ou acomptes, y compris les travaux confiés à des sous-traitants. Selon le principe, ce montant est déterminé tous frais et taxes compris, exception à la TVA elle-même. Il comprend également :

- les primes et bonifications pour avance dans la livraison des ouvrages ;
- les indemnités de réalisation correspondant au prix des travaux déjà exécutés, mais la part représentative d'un préjudice subi n'est pas imposable ;
- les indemnités d'imprévision ;
- la retenue de garantie ;
- d'une manière générale, toute somme versée pour un motif quelconque en sus du prix fixé au marché de travaux.

B. Les éléments particuliers à rajouter à la base d'imposition

Sont à inclure dans l'assiette les taxes spécifiques et les droits indirects, les frais accessoires aux livraisons de biens et les indemnités n'ayant pas le caractère de dommages-intérêts.

I. Les impôts, droits et taxes et prélèvements de toute nature, à l'exception de la TVA

Les impôts, droits et taxes et prélèvements de toute nature sont à inclure dans la base d'imposition, quand bien même :

- ils seraient décomptés à part sur la facture ;
- ils seraient perçus à des taux spécifiques ;
- ils obéiraient à des règles spécifiques en matière de recouvrement et de contentieux.

En ce qui concerne la TVA, elle n'est pas à comprendre dans la base d'imposition, puisque ses taux sont des taux hors taxe « en dehors ». Cependant, cette règle appelle une précision importante. En effet, malgré qu'elle n'ait pas à être prise dans l'assiette, la TVA n'en est pas moins un élément qui grève le prix convenu avec le client et non un accessoire de ce prix.

Ainsi, lorsqu'un assujetti réalise une affaire moyennant un prix convenu qui ne mentionne aucune TVA, la taxe due au titre de cette affaire doit être assise sur une somme égale à ce prix convenu diminué du montant de cette taxe. Le prix convenu au titre d'une opération est donc présumé toutes taxes comprises, à moins que des considérations de fait ou de droit ne permettent d'établir que les parties ont entendu traiter sur la base d'un prix hors taxe.

II. Les frais accessoires aux livraisons de biens

Il s'agit des frais accessoires tels que commissions, intérêts, frais d'emballage, de transport et d'assurance demandés aux clients, même s'ils sont facturés distinctement.

Sont à comprendre dans la base d'imposition tous les frais réclamés au client à des titres divers et qui peuvent être considérés comme des compléments du prix de base d'une opération taxable.

a. Les commissions facturées aux clients

Les commissions versées à des intermédiaires et facturées aux clients sont à inclure dans la base d'imposition. Aucune déduction de la base n'est admise pour frais quelconques afférents à la vente ou pour salaires, commissions ou courtages dus par le vendeur à des intermédiaires. La TVA est due sur les sommes brutes encaissées.

b. Les intérêts facturés aux clients

Les intérêts, agios et autres frais de crédit doivent être inclus dans la base d'imposition alors même qu'ils feraient l'objet d'une facturation distincte dès lors qu'ils sont liés à une opération soumise à la TVA.

Ces frais ne sont pas imposables à la TVA si la vente à laquelle ils se rapportent est elle-même exonérée ou qu'ils sont totalement indépendants d'une opération imposable.

c. Les frais d'emballage

Par frais d'emballage, il faut entendre les suppléments de prix que les vendeurs facturent à ce titre à leurs clients, que ces frais soient calculés de manière forfaitaire ou en pourcentage de la valeur du bien. Ces suppléments constituent des éléments du prix des biens vendus et ne peuvent être dissociés de celui-ci.

d. Les frais de transport

Les frais de transport facturés par le vendeur à son client représentent normalement un élément du prix de vente imposable. Il en est ainsi en cas de vente où le transfert de propriété s'opère au domicile de l'acheteur, le transport incombe au vendeur et la responsabilité de ce dernier est engagée jusqu'à la prise de possession effectuée par l'acheteur à son domicile.

Le prix du transport peut donc être dissocié du montant de la vente à condition qu'il constitue la rémunération effective et normale d'une prestation de service que l'acheteur et le vendeur ont entendu expressément disjoindre et énumérer distinctement de l'opération de vente elle-même.

L'intérêt de la distinction entre éléments du prix de vente et transport est la suivante : lorsque l'opération de transport peut être détachée de la vente, elle suit les règles qui lui sont propres.

e. Les frais d'assurance

Les frais d'assurance qui sont normalement à la charge du vendeur doivent être, lorsqu'ils sont réclamés au client, considérés comme un élément du prix de vente de l'opération et constituent, par conséquent, un élément de la base d'imposition.

III. Les indemnités n'ayant pas le caractère de dommages-intérêts

Sont à inclure de la base d'imposition, les indemnités n'ayant pas le caractère de dommage-intérêt. Les indemnités perçues à des titres divers entrent dans la base d'imposition à la TVA lorsqu'elles représentent la contrepartie directe ou indirecte, d'une opération imposable.

En revanche, les indemnités qui peuvent être considérées comme correspondant exclusivement à la réparation d'un préjudice et revêtent donc le caractère de dommages-intérêts, c'est-à-dire :

- les indemnités qui ne font que réparer le préjudice résultant de l'inexécution d'une obligation ;
- ou à titre général, les indemnités qui ne font que réparer le préjudice résultant de la lésion d'un intérêt quelconque, ne sont pas à inclure dans la base d'imposition à la TVA car elles ne constituent pas la contrepartie d'opérations imposables à cette taxe, par exemple : l'indemnité versée par un transporteur de marchandises à la suite de retard apporté dans ce transport, est considéré comme la réparation d'un dommage et par suite, cette indemnité n'a pas à être soumise, chez le bénéficiaire à la TVA.

De même, les indemnités versées par les compagnies d'assurances à la suite de sinistres (vol, incendie) ne sont pas imposables.

Cette non-imposition découle de leur nature de véritables dommages-intérêts.

IV. Les subventions qui représentent l'unique contrepartie d'une opération imposable ou qui constituent le complément direct du prix d'une telle opération ou sont destinées à compenser globalement l'insuffisance des recettes d'exploitation d'une entreprise

Ces dispositions de l'alinéa 2 de l'article 199 conduisent à examiner l'un après l'autre trois éléments.

a. Les subventions qui représentent l'unique contrepartie d'une opération imposable :

On rencontre ce type de subvention essentiellement dans les rapports entre l'Etat et les établissements publics ou les associations constituées sous l'égide des pouvoirs publics. Pour ces organismes, les subventions budgétaires constituent, d'une manière générale, leur moyen de financement exclusif ; elles représentent parfois le prix des services (marchés d'étude par exemple) que ces organismes rendent à l'Etat.

Dans cette hypothèse, le montant de la subvention équivaut au paiement pur et simple du prix d'une prestation de service ou d'une livraison de biens. Ces subventions doivent, en principe, être soumise à la TVA.

b. Les subventions qui constituent le complément direct du prix d'une opération imposable

Les sommes versées par une personne autre que le bénéficiaire de l'opération en vue de prendre en charge une partie du prix de celle-ci sont imposables à la TVA dès lors que l'opération en cause est elle-même imposable. Par contre, les subventions qui complètent le prix d'une opération non imposable ne sont pas soumise à la TVA.

c. Les subventions d'équilibre ou de fonctionnement

Il s'agit des aides qui sont destinées à compenser globalement l'insuffisance des recettes d'exploitation d'un redevable.

A titre général, il y a lieu de considérer que les subventions reçues par un assujetti ne sont pas imposables à la TVA quand elles présentent le caractère d'une libéralité, c'est-à-dire quand elles sont accordées sans contrepartie, tel est le cas des primes d'équipement accordées par exemple par l'Etat à certains investisseurs dans le cadre de la politique d'incitation à l'investissement.

Par contre, lorsqu'il s'agit de subvention de fonctionnement qui sont octroyées dans le but d'éponger un déficit dans la gestion, ou pour soutenir le prix d'un produit ou d'un service, elles doivent être incluses dans le chiffre d'affaires imposable.

C. Les éléments particuliers à exclure de la base d'imposition

Sont à exclure de la base d'imposition :

- les escomptes de caisse, remises, rabais, ristournes et autres réductions de prix consentis directement aux clients dans les normes habituelles de l'activité concernée ;

- les sommes perçues lors des livraisons d'emballages consignés à la condition que la TVA afférente à ces sommes ne soit pas facturée. Toutefois, elles sont incorporées dans la base d'imposition, lorsque les emballages n'ont pas été rendus dans les délais en usage dans la profession ;
- les indemnités ayant véritablement le caractère de dommage-intérêt ;
- les primes et les subventions d'équipement affectées au financement d'un bien d'investissement déterminé et les aides à caractère financier entre entreprises ;
- les sommes remboursées aux intermédiaires autres que les agents de voyages et organisateurs de circuits touristiques, qui effectuent des dépenses sur l'ordre et pour le compte de leurs commettants justifient, auprès de l'administration des impôts, de la nature ou du montant exact de ces débours ;
- les débours et toutes sommes versés à un prestataire en remboursement d'une dépense effectuée pour le compte du client.

Toutefois, les réductions ne peuvent venir en déduction de la base imposable chez le vendeur si elles constituent la rémunération d'une prestation fournie par le débiteur à son créancier ou si elles ne bénéficient pas effectivement et pour le montant exact à l'acheteur.

Lorsque l'impôt a été perçu à l'occasion de ventes ou de services qui sont par la suite résiliés, annulés ou qui restent impayés, il est imputé sur l'impôt dû pour les affaires faites ultérieurement. Il est restitué dans les conditions prévues à l'article 224 du CGI, si la personne qui l'a acquitté a cessé d'y être assujettie. L'imputation ou la restitution est subordonnée à la justification auprès de l'Administration fiscale de la rectification préalable de la facture initiale.

Paragraphe II. Les dérogations aux règles générales d'assiette

Il existe des dérogations au régime général d'assiette de la TVA. Elles portent sur les biens d'occasion, les agences de voyages, les commissionnaires et transitaires, les spectacles et les entreprises conventionnées.

A. Les biens d'occasion

Sont considérés comme biens d'occasion au sens du présent Code, les biens ayant fait l'objet d'une utilisation et qui sont susceptibles de réemploi en l'état ou après réparation.

La mise à la consommation de biens d'occasion importés donne lieu à perception de la TVA dans les conditions prévues par la législation douanière en vigueur.

Les ventes de biens d'occasion réalisées par les négociants en biens d'occasion sont soumises à la TVA dans les conditions de droit commun ; toutefois, ces négociants doivent payer la TVA sur la différence entre le prix de vente et le prix de revient lorsqu'il s'agit de biens acquis auprès de non assujettis.

B. Les agences de voyages

Pour les opérations d'entremise effectuées par les agences de voyage et les organisateurs de circuits touristiques, le chiffre d'affaires imposable est constitué par la différence entre le prix total payé par le client et le prix facturé à l'agence ou à l'organisateur par les entrepreneurs de transports, les hôteliers, les restaurateurs, les entrepreneurs de spectacles et les autres assujettis qui exécutent matériellement les services utilisés par le client.

Les agences de voyages et les organisateurs de circuits touristiques ne peuvent pas déduire la TVA afférente au prix payé aux entrepreneurs de transport, aux hôteliers, aux restaurateurs, aux entrepreneurs de spectacles et autres assujettis qui exécutent matériellement les services utilisés par le client.

C. Les commissionnaires et transitaires

En ce qui concerne les commissionnaires de transport, les transitaires et les déclarants en douane même traitant à forfait, le chiffre d'affaires imposable est constitué par la rémunération brute, c'est-à-dire la totalité des sommes encaissées, déduction faite de la TVA et des seuls débours afférents au transport lui-même et au dédouanement, pourvu qu'il soit justifié desdits débours.

Les dispositions du présent article sont applicables aux transitaires, et aux déclarants en douane même lorsque les opérations de dédouanement ont été effectuées pour le compte ou par un de leurs confrères.

D. Les spectacles

Pour les spectacles cinématographiques et autres, le chiffre d'affaires imposable est constitué par le montant total de la recette provenant de la vente des billets, déduction faite de la TVA et des droits de timbre.

E. Les entreprises conventionnées

Les entreprises qui, par suite d'une convention d'établissement bénéficient d'un régime spécial au regard de la taxation du chiffre d'affaires, continueront à acquitter, à titre transitoire et jusqu'à l'expiration de la convention en cours, les mêmes Taxes sur le Chiffre d'Affaires, au même taux et selon les mêmes conditions que ceux prévus dans la convention.

Toutefois, ces entreprises sont autorisées à exercer une option pour l'imposition à la TVA dans les conditions de droit commun et à renoncer ainsi au régime particulier qui leur avait été consenti en matière de taxation du chiffre d'affaires.

L'option est exercée sous la forme d'une lettre recommandée avec accusé de réception adressée au Directeur Général des Impôts. Elle prend effet le premier jour du mois qui suit la date de l'accusé de réception. Cette option est irrévocable. En l'absence d'exercice de l'option visée ci-dessus, les entreprises conventionnées ne sont pas en droit de déduire la TVA ayant grevé leurs achats et leurs frais généraux.

Arès avoir apporté des précisions sur l'assiette de la TVA, il convient de s'attacher à l'examen des taux applicables.

SECTION III. LES TAUX

La législation fiscale[252] a prévu deux taux de TVA :

- le taux normal ;
- le taux réduit.
- Le champ d'application du taux normal, taux de droit commun, ne peut être défini de manière limitative, à la différence de celui du taux réduit. Le taux normal est de 18 % pour les autres produits et les services non exonérés253 et qui ne sont pas soumis au taux réduit.

Le taux réduit s'applique aux produits suivants :

- aux matériels agricoles (bêches, pelles, appareils pour l'arrosage, charrues…) ;
- aux matériels informatiques ;
- aux matériels de production d'énergie solaire[254](batteries solaires, batteries stationnaires, batteries étanches pour l'énergie solaire, éolienne et la bioénergie) ;

Le taux réduit s'applique aux services suivants :

- - les prestations d'hébergement et de restauration fournies par les hôtels, les restaurants et organismes assimilés agréés ;
- - les prestations réalisées par les organisateurs de circuits touristiques agréés.
- Coefficients de conversion
- Pour obtenir la base imposable à partir d'un prix TVA comprise (ou encore TTC) au prix hors TVA, on utilise les coefficients de conversion suivants :
- taux normal : TTC/1,18 ;
- taux réduit : TTC/1,05.
- Ces taux s'appliquent à des prix hors TVA.

---

[252] Article 229 du CGI.

[253] Point IV (Produits) de l'article 195 (nouveau) du CGI.

[254] Il s'agit des produits visés au point D de la sous-section 1 de la section 1 du chapitre I du titre II du CGI.

- Le taux qui concerne un produit déterminé s'applique aux opérations d'importations, de ventes et livraisons portant sur ce même produit.
- Il convient d'border les déductions à la suite de l'assiette et du taux de la TVA.

SECTION IV. LES DEDUCTIONS

La déduction « est toute soustraction opérée sur la base d'une imposition ou sur cette imposition elle-même »[255]. Elle vise à éviter tout cumul d'impôt car les taxations sont annulées à chaque étape du circuit économique par la déduction de la TVA supportée en amont et la taxation se fait sur le prix total facturé en aval si bien que, même au stade de la consommation finale, le prix des biens et services ne supporte la TVA qu'une seule fois.

Pour présenter la TVA déductible, il sied d'aborder l'objet et la portée du droit de déduction, les conditions du droit à déduction, les modalités d'exercice du droit à déduction,

Paragraphe I. L'objet et la portée du droit à déduction

Selon le principe fondamental de la TVA, la taxe qui a grevé les éléments du prix d'une opération imposable est déductible de la taxe applicable à cette opération.

Le droit à déduction de la TVA ayant grevé des biens et services implique que ceux-ci soient utilisés dans leur intégralité pour la réalisation d'une opération taxable. La règle peut se résumer ainsi : **il n'y a déduction que s'il y a imposition**.

Cependant, par dérogation au principe suivant lequel les opérations exonérées n'ouvrent pas droit aux déductions, un certain nombre d'opérations exonérées, relevant presque exclusivement du commerce extérieur, sont assimilées à des opérations taxées.

La déduction de la taxe ayant grevé les éléments du prix des opérations imposables est suspendue à des conditions tenant à la justification du montant de la taxe déductible (condition de forme), la

---

[255] Guy GEST, cité par AGRON L, op. cit. p.181.

date des déductions (condition de temps) et la nature ou l'utilisation de biens donnant droit en principe à la déduction (condition de fond).

Paragraphe II. Les conditions du droit à déduction

Seront successivement abordés les conditions de forme, les conditions de temps et les conditions de fond.

A. Les conditions de forme

La déductibilité de la taxe qui a frappé les éléments d'une opération taxable ne peut être opérée, selon le cas, que dans la mesure où elle figure sur une facture d'achat (ou un document en tenant lieu) a été perçue à l'importation, ou a été acquittée par l'entreprise elle-même lors d'une livraison à soi-même.

La jurisprudence[256] en France, se montre souvent rigoureuse sur les conditions de forme. Il faut relever que ces règles visent à éviter la fraude en matière de TVA surtout dans un contexte marqué par l'existence de réseaux de « fausses factures[257] ».

L'des conditions de forme

I. La mention sur les factures d'achats

Les factures délivrées par les fournisseurs de biens et/ou services est la clef de voûte du droit à déduction. C'est certainement pour cette raison que le LPF prescrit aux assujettis de faire apparaître d'une manière distincte le prix hors TVA, le taux, le montant de la TVA, le prix net des marchandises ou des services, le régime d'imposition du fournisseur ainsi que le numéro d'identification fiscal du vendeur et de l'acheteur[258].

Il convient de relever que l'obligation n'est faite à un redevable de délivrer une facture ou un document en donnant lieu que dans les cas où il traite avec un autre redevable[259]. Une facture est une condition de

---

[256] CE 25 mai 1982, 24 212, Laval, RJF 1982.7.646.

[257] C.David / O. Fouquet/ B. Plagnet/ P.-F. Racine, Les grands arrêts de la jurispruence fiscale, 5e édition, Dalloz, P.744.

[258] Article 115 du LPF.

[259] Article 115 alinéa 1er du LPF.

l'exercice du droit à déduction. Mais la facture ne peut en aucune façon créer le droit à déduction et sa possession ne saurait, à elle seule, justifier l'exercice de ce même droit.

II. Les taxes perçues à l'importation

Les entreprises peuvent opérer la déduction de la TVA perçue lors de la mise à la consommation des marchandises importées, sous réserve que les documents douaniers correspondants ou la note de frais détaillée du commissionnaire en douane les désignent comme destinataires réels des biens au titre desquels ils bénéficient de la déduction.

Mais comme la facture, le document douanier ne constitue qu'un simple instrument pour la transmission du droit à déduction. Autrement dit, la mention de la TVA sur une déclaration désignant l'entreprise comme destinataire réel ne constitue pas une condition suffisante de la déduction au profit de cette entreprise. Le LPF énonce que s'il s'agit d'importations, la taxe doit, pour être déductible, figurer sur la déclaration de mise à la consommation ou tout autre document équivalent délivré par le service des Douanes[260].

III. La taxe acquittée par l'entreprise elle-même lors de la livraison à elle-même

Les entreprises bénéficient de la déduction de la taxe ayant grevé les biens ou les services imposés à la TVA[261]. Dans ce cas, la justification de la déduction est apportée par les déclarations que l'entreprise souscrit elle-même pour le paiement de la taxe dont elle opère la déduction.

B. Les conditions de temps

La déduction de la taxe est opérée par imputation sur la taxe due par l'entreprise au titre du mois pendant lequel le droit à déduction a pris naissance[262]. Cette disposition implique que soient précisées l'expression « opérer une déduction » et « la date à laquelle cette opération peut être effectuée ».

---

[260] Article 225-1 du CGI.
[261] Article 207 du CGI.
[262] Article 224 du CGI.

I. La définition de l'expression opérer une déduction

L'expression opérer une déduction doit s'entendre de l'opération consistant à mentionner le montant de la taxe déductible sur la déclaration du chiffre d'affaires, même si, en raison de l'insuffisance de la taxe sur laquelle l'imputation doit être effectuée, celle-ci ne peut être opérée.

II. La notion de date à laquelle la déduction peut être effectuée

Il convient d'aborder successivement le principe et la perte du droit à déduction.

1. Le principe

Qu'il s'agisse de biens constituant des immobilisations ou d'autres biens ou services, la déduction de la TVA doit être opérée lorsque le droit à déduction a pris naissance. La question est de savoir à quelle date le droit à déduction prend naissance.

La réponse est contenue dans les dispositions de l'article 225 du LPF en ces termes, « Le droit à déduction prend naissance lors de l'importation des biens, de leur acquisition, de la livraison à soi-même ou de l'accomplissement des services lorsque la taxe devient exigible chez le redevable ».

Le critère de la date du droit à déduction est constitué par le fait générateur, soit à l'importation, s'il s'agit d'importation, soit chez le prestataire s'il s'agit de prestation de services.

2. La perte du droit à déduction

En cas d'omission de déduction sur une déclaration de chiffre d'affaires, la taxe dont la déduction a été omise peut être opérée au plus tard le 15 mai de l'année suivante. Passé ce délai, il y a forclusion du droit à déduction.

C. Les conditions de fond du droit à déduction

La technique retenue dans le mécanisme de la TVA implique que la taxe qui a grevé les éléments du prix de revient d'une opération imposable ou assimilée soit déductible de la taxe applicable à cette opération.

Telle est la règle de fond du régime des déductions.

Mais cette règle n'est pas d'application systématique. Elle est soumise à des conditions rigoureuses et à des restrictions particulières qui en limitent la portée. Il existe, en effet, vis-à-vis du droit à déduction :

- des règles d'ordre général propres à toutes les entreprises ;
- des limitations particulières à certaines d'entre elles ;
- des exclusions expresses de ce droit.

I. Les règles d'ordre général

Il résulte des dispositions du CGI que pour être déductibles, les biens et services acquis par les entreprises doivent être :

- la propriété de l'entreprise ;
- nécessaires à l'exploitation et affectés à celle-ci ;
- affectés à la réalisation d'une opération taxable ou assimilée ;
- frappés de la TVA et non expressément exclus du droit à déduction par une disposition particulière ;
- selon le CGI, les assujettis à la TVA sont autorisés à déduire du montant de l'impôt exigible sur leur opération la TVA facturée lors de l'achat ou de l'importation de biens meubles, immeubles, services acquis pour les besoins de l'exploitation au titre des investissements et des frais généraux ;
- au regard du CGI, ouvrent droit à déduction dans les mêmes conditions que si elle était soumise à la TVA les opérations d'exportation et assimilées.

Ces deux conditions appellent les commentaires suivants. Pour ouvrir droit à déduction :

- les biens ou services doivent être la propriété de l'entreprise ;
- les biens ou services doivent être acquis pour les besoins de l'exploitation.

Cette obligation exclut du bénéfice de la déduction tous les biens destinés ou employés en fait pour les besoins personnels des redevables ainsi que les acquisitions qui ne correspondent pas à des usages normaux et réels de l'entreprise.

Les biens ou services doivent affectés à la fabrication ou à la vente de produits soumis à la TVA lorsqu'ils sont vendus à l'intérieur ou de produits quelconque lorsqu'ils sont exportés. Ainsi, seuls les assujettis qui réalisent exclusivement des opérations ouvrant droit à déduction sont autorisés à déduire la totalité de la TVA qui a grevé l'ensemble des biens et services acquis.

En d'autres termes, le droit à déduction totale ne se justifie que si le coût des biens et services acquis par un redevable se répercuter effectivement dans le prix des opérations imposables ou assimilées que celui-ci réalise.

Les biens ou services doivent avoir supportés la TVA. La déduction porte sur la TVA ayant effectivement grevé l'acquisition des biens et services, c'est-à-dire : la taxe figurant sur les factures des fournisseurs pour les biens achetés et les services exécutés au Mali ;

- la taxe acquittée lors du dédouanement des biens importés ;
- la taxe acquittée le cas échéant lors de la livraison d'un bien fait à lui-même par un assujetti ;
- - les biens ou services ne doivent pas être exclus expressément du droit à déduction.

II. Les limitations particulières du droit à déduction : règles applicables aux assujettis partiels

Seules les entreprises qui réalisent exclusivement des opérations ouvrant droit à déduction, c'est-à-dire qui sont assujetties à la TVA sur l'ensemble de leurs activités, peuvent déduire l'intégralité de la TVA ayant grevé leurs acquisitions de biens ou services.

Pour les autres entreprises, appelées redevables partiels, l'application des principes généraux de déduction suscite des difficultés concernant le calcul du montant des taxes déductibles. En effet, ces entreprises :

- - d'une part, ne connaissent pas, au moment de leur acquisition, l'affectation qu'elles donneront à leurs achats de biens et services ;
- - d'autre part, peuvent utiliser certains biens (notamment des immobilisations) et des services concurremment pour la réalisation d'opérations ouvrant droit à déduction et d'opérations n'ouvrant pas droit à déduction.

C'est pourquoi, le CGI a choisi le critère de l'affectation. Les règles prévues par le CGI s'appliquent à la fois aux biens constituant des immobilisations qu'aux autres biens qui ne constituent pas des immobilisations et services. La déduction de la TVA ayant grevé l'ensemble des biens et des services est opérée selon le principe de l'affectation de ces biens et services.

- la TVA ayant grevé les biens et services qui concourent exclusivement à la réalisation d'une ou de plusieurs opérations ouvrant droit à déduction est entièrement déductible ;
- la TVA ayant grevé les biens et services qui concourent exclusivement à la réalisation d'une opération n'ouvrant pas droit à déduction n'est pas déductible ;
- la TVA ayant grevé les biens et services dont l'utilisation aboutit concurremment à la réalisation d'opérations dont les unes ouvrent droit à déduction et les autres non est en partie déductible.

Cette fraction déductible est déterminée en appliquant au montant de la taxe en cause un pourcentage de déduction appelé prorata qui est un instrument qui sert à déterminer la fraction de taxe déductible lorsque l'affectation du bien ou du service est mixte.

Les éléments suivants entrent en ligne de compte pour le calcul du prorata :

Au numérateur :

- les recettes afférentes à des opérations ouvrant droit à déduction ;
- les recettes afférentes à des opérations qui ne sont pas soumises à la taxe et qui néanmoins ouvrent droit à déduction.

Au dénominateur :

- les sommes portées au numérateur et énumérées ci-dessus ;
- les recettes provenant d'affaires exonérées et qui n'ouvrent pas droit à déduction ;
- les recettes provenant d'activités hors du champ d'application de la TVA ;
- les recettes se rapportant à des opérations réalisées hors du Mali et n'ouvrant pas droit à déduction.

III. Les exclusions expresses du droit à déduction

Nonobstant leur acquisition pour les besoins de l'exploitation et leur affectation à ces mêmes besoins, les biens et services ci-dessous énumérés sont formellement exclus du droit à déduction.

a. Les biens ou services utilisés par des tiers, par des dirigeants ou le personnel de l'entreprise

N'est pas déductible la TVA ayant grevé les biens ou services utilisés par des tiers, des dirigeants ou le personnel de l'entreprise, tels que le logement ou l'hébergement, les frais de réception, de restaurant, de spectacles ou de toute dépense ayant un lien direct avec les déplacements ou la résidence[263].

Toutefois, cette exclusion ne concerne pas les vêtements de travail ou de protection, les locaux et le matériel affectés à la satisfaction collective des besoins du personnel sur les lieux de travail ainsi que le logement gratuit sur les lieux de travail du personnel salarié chargé spécialement de la surveillance ou de la garde de ces lieux.

b. Les véhicules ou engins de transport de personnes

Sont exclus du droit à déduction, les véhicules ou engins, quelle que soit leur nature, conçus ou aménagés pour transporter des personnes ou à usages mixtes qui constituent une immobilisation ou dans le cas contraire lorsqu'ils ne sont pas destinés à être revendus à l'état neuf.

---

[263] Article 209 du CGI.

Il en est de même des éléments constitutifs, des pièces détachées et accessoires de ces véhicules et engins[264]. Telle est la règle. Par dérogation à cette règle, cette exclusion ne concerne pas :

- les véhicules routiers comportant, outre le siège du conducteur, plus de huit places assises et utilisés par des entreprises pour le transport exclusif de leur personnel ;
- les véhicules ou engins acquis par les entreprises de transport public de voyageurs et affectés de façon exclusive à la réalisation desdits transports ;
- les transports de personnes et les accessoires auxdits transports n'ouvrent également pas droit à déduction ; toutefois, les transports qui sont réalisés soit pour le compte d'une entreprise de transport public de voyageurs, soit en vertu d'un contrat permanent de transport conclu par les entreprises pour amener leur personnel sur les lieux de travail, ouvrent droit à déduction.
- les véhicules particuliers acquis par les entreprises de location de voitures.

c. Les immeubles

Seuls ouvrent droit à déduction les bâtiments et locaux à usage industriel, commercial, artisanal ou professionnel.

Tous les autres immeubles sont exclus du droit à déduction[265].

d. Les produits pétroliers

La TVA ayant grevé le prix d'acquisition des produits pétroliers, à l'exclusion des produits noirs : distillat diesel oil et fuel, n'est pas déductible.

e. Les biens cédés et les services rendus gratuitement ou à un prix sensiblement inférieur au prix de revient

En principe, les biens cédés et les services rendus gratuitement ou à un prix sensiblement inférieur au prix de revient, à titre de commissions, salaires, gratifications, rabais, bonifications, cadeaux,

---

264 Article 210 du CGI.

265 Article 211 du CGI.

quelle que soit la qualité du bénéficiaire sauf quand il s'agit d'objets publicitaires de très faible valeur sont exclus du droit à déduction[266]. Par exemple, les cadeaux offerts par une entreprise à son personnel n'ouvrent pas droit à déduction de la TVA.

Son également exclus du droit à déduction, les biens et/ou les services pour lesquels la facture ou le document en tenant lieu ne comporte pas le numéro d'identification fiscal du fournisseur. En outre, sont exclues du droit à déduction, les sommes payées en application des dispositions des articles 94 à 98 inclus du CGI et qui n'ont pas fait l'objet de la retenue de l'impôt soit au titre de l'Impôt sur les BIC, soit au titre de l'Impôt sur les Sociétés.

f. Le mobilier

Sont déductibles les objets de mobiliers ayant le caractère de matériel commercial ou de matériel de bureau. En revanche, n'ouvrent pas droit à déduction les meubles couramment appelés « meubles meublants » car n'ayant par hypothèse aucun lien direct avec l'activité d'une entreprise[267].

g. Les services afférents à des biens exclus du droit à déduction

La TVA ayant grevé le coût des services de toute nature afférents à des biens, produits ou marchandises exclus du droit à déduction n'est pas admise en déduction[268].

Paragraphe III. Les modalités d'exercice du droit à déduction

Le droit à déduction de la TVA qui a grevé le prix d'achat ou de revient des biens et services ouvrant droit à déduction, est normalement exercé par voie d'imputation sur la taxe due au titre des opérations imposables.

Lorsqu'au titre d'un mois donné, le montant de la taxe déductible (taxe d'amont) est supérieur à la taxe due sur les opérations imposables

---

266 Article 213 du CGI.
267 Article 214 du CGI.
268 Article 215 du CGI.

(taxe d'aval), il existe alors ce qu'on appelle un crédit à reporter, crédit qui s'imputera sur la taxe due au titre du mois suivant. Cependant, les crédits de TVA peuvent faire l'objet, sous certaines conditions, d'un remboursement si leur imputation est impossible à cause de la réalisation d'exportation ou encore à cause de la perte de la qualité de redevable.

A. Le principe : L'imputation

Aux termes de l'article 224 du CGI, la déduction de la taxe est opérée par imputation sur la taxe due par l'entreprise au titre du mois pendant lequel le droit à déduction a pris naissance.

En cas d'omission, elle doit être opérée au plus tard le 15 mai de l'année suivante.

Exemple

L'article 226 du CGI énonce que : « Si le montant de la déduction autorisée est supérieur au montant de l'impôt exigible au titre d'une déclaration donnée, l'excédent peut être imputé sur la taxe exigible au titre de la ou des déclarations ultérieures ».

Exemple

Par conséquent, si le montant de la taxe déductible mentionnée sur une déclaration excède le montant de la taxe due d'après les éléments qui figurent sur cette déclaration, l'excèdent « crédit à reporter » est reporté jusqu'à épuisement sur la ou les déclarations suivantes.

B. Les dérogations : Le remboursement

Le remboursement concerne les assujettis redevables de la TVA autres que les entreprises de revente de biens en l'état sur le territoire national et les entreprises qui perdent la qualité de redevable.

I. Les assujettis redevables de la TVA autres que les entreprises de revente de biens en l'état sur le territoire national

Les assujettis redevables de la TVA autres que les entreprises de revente de biens en l'état sur le territoire national peuvent obtenir, à leur demande, le remboursement des crédits de TVA mensuellement. A cet effet, les assujettis sont tenus de déposer ou souscrire par voie électronique à travers une adresse électronique institutionnelle et sécurisée une demande de remboursement accompagnée de toutes les pièces justificatives au plus tard à l'échéance déclarative du mois suivant le mois écoulé.

Les remboursements des crédits de TVA se font dans les délais visés à l'article 227-A ci-avant et selon les modalités ci-après :

- pour les entreprises à risque faible, le remboursement s'effectue automatiquement sans que ne soit mise en œuvre une procédure de contrôle de validation préalable ;
- pour les entreprises à risque moyen, le remboursement s'effectue au terme d'une procédure de contrôle de validation des crédits ;
- pour les entreprises à risque élevé, le remboursement ne peut intervenir qu'au terme d'une procédure de vérification générale de comptabilité qui doit intervenir dans un délai d'un mois après l'introduction de la demande de remboursement.

II. Les entreprises qui perdent la qualité de redevables

Selon les dispositions de l'article 228 du CGI, lorsqu'un redevable perd la qualité d'assujetti, le crédit de taxe déductible dont il dispose est imputé en priorité sur les sommes dont il est débiteur au titre des autres impôts et taxes.

L'excédent de crédit de taxe déductible dont l'imputation n'a pu ainsi être opérée peut faire l'objet de remboursement pour son montant total[269].

La perte de la qualité de redevable provient essentiellement de la cessation d'activité qui se confond avec la cessation d'opérations ouvrant droit à déduction.

La cessation de l'activité d'un redevable est essentiellement une question de fait. En principe, il y a cessation d'activité dès la date à

[269] Les opérations d'imputation et de remboursement de crédit sont précédées du contrôle ciblé

partir de laquelle le redevable cesse d'offrir au public des services ou des biens à la vente. Cette date coïncide généralement avec la fermeture des magasins, ateliers, bureaux, même si le contribuable conserve sans les vendre les immobilisations qui ont été nécessaires à son activité.

Le décès de l'exploitant d'une entreprise individuelle figure au nombre des causes de cessation d'activité.

Les redevables qui cessent leur activité ou qui perdent la qualité d'assujetti à la TVA sont soumis aux règles de régularisation des déductions prévues par les articles 218 et suivants du CGI.

Paragraphe IV. La remise en cause des déductions

Les régularisations concernent :

- les immobilisations (immeubles et autres biens immobilisés) ;
- les immeubles.

En principe, les déductions de TVA régulièrement opérées par un redevable présentent un caractère définitif. Cependant, elles peuvent être remises en cause dans certains cas prévus par la législation fiscale. Ces révisions des déductions initiales sont appelées régularisation. Certaines régularisations sont d'ordre général (régularisation en cas de variation du prorata définitif par rapport au prorata provisoire) et d'autres plus spécifiques et visent certaines situations particulières et/ou certains biens utilisés par l'entreprise.

A. Les biens constituant une immobilisation : variation du prorata de plus de cinq (05) points

Il est prévu à l'article 220 du CGI que : « Lorsque le prorata définitif afférent à chacune des quatre années suivant celle de l'acquisition ou de la première utilisation d'un bien constituant une immobilisation varie de plus de cinq points par rapport au prorata définitif retenu pour effectuer la déduction précédente, il est procédé soit au reversement, soit à la déduction complémentaire d'une fraction de la taxe ayant grevé initialement l'immobilisation.

Cette fraction est égale au cinquième de la différence entre le produit de la taxe ayant grevé le bien par le prorata définitif de l'année d'acquisition et le produit de la même taxe par le prorata définitif de l'année considérée ».

La déduction de la TVA ayant grevé une immobilisation peut être remise en cause si le prorata sur la base duquel il a été calculé le montant à déduire varie de plus de cinq (05) points au cours d'une année ultérieure. Cette remise en cause peut conduire à :

- soit une déduction complémentaire (variation positive) ;
- soit un reversement à effectuer (variation négative).

La régularisation doit être faite si un écart de plus de cinq (05) points intervient entre le prorata initial et le prorata définitif de l'une des quatre années suivant celle de l'achat, de l'importation ou de la première utilisation du bien.

Exemple :

Soit un matériel utilisé pour les besoins de l'entreprise et acheté en 2020. Supposons un prorata initial de 70% ; si le prorata de 2022 n'est que de 65%, un reversement sera nécessaire.

En ce qui concerne le montant de la régularisation, si le prorata augmente de cinq (05) points, la déduction complémentaire est égale à une fraction de la différence entre :

- le montant de la déduction calculé sur la base du prorata dégagé à la fin de l'année considérée ;
- et le montant de la déduction initiale.

Pour toutes les immobilisations, cette fraction est égale au 1/5.

Si le prorata baisse de plus de cinq (05) points, le reversement est une fraction de la différence entre :

- - le montant de la déduction initiale ;
- - et le montant de la déduction calculée sur la base du prorata dégagé à la fin de l'année considérée.

Cette fraction est égale au 1/5 pour toutes les immobilisations.

Exemple :

Soit un matériel acheté en mai 2020 grevé d'une TVA de 30.000 F. Le pourcentage de déduction définitif (déterminé en début 2021) étant de 60%, l'entreprise pourra déduire 18.000 F. Supposons que début 2022, le calcul du prorata de 2021 fasse apparaître un pourcentage de 80%.

Le montant de la déduction complémentaire sera de :

(30.000 F x 80%) – 18000 / 5 = 1.200 F.

Si début 2022 apparaissait un pourcentage de 50%, il y aurait un versement pour :

18.000 F – (30.000 F x 50%) / 5 = 600 F.

B. Cas de cession d'immeuble bâti

Selon les dispositions de l'article 221 du CGI, « Lorsqu'un bien immeuble constituant une immobilisation est cédé avant le commencement de la quatrième année qui suit celle de son acquisition ou de sa première utilisation, l'assujetti doit reverser une fraction de la taxe initialement déduite corrigée éventuellement des rectifications prescrites aux articles 219 et 220 du présent Code.

Cette fraction est égale au montant de la taxe effectivement déduite diminué d'un cinquième par année civile ou partie d'année civile écoulée depuis la date d'acquisition ou de première utilisation de l'immobilisation en cause ».

Exemple :

Soit un immeuble acquis en 2020. Le versement de la taxe sera égal à :

- 5/5 - 1/5 = 4/5 en cas de cession avant le 1/1/2021 ;
- 5/5 - 2/5 = 3/5 en cas de cession au cours de l'année 2021 ;
- 5/5 - 3/5 = 2/5 en cas de cession au cours de l'année 2022 ;
- 5/5 - 4/5 = 1/5 en cas de cession au cours de l'année 2023.

A compter du 1er janvier 2024, la cession ne donnera lieu à aucun reversement de TVA.

Pour l'application des dispositions de l'article 221 du CGI ci-dessus visé, l'année au cours de laquelle a eu lieu l'acquisition ou la cession des biens est comptée pour une année entière.

CHAPITRE III.

LES REGIMES D'IMPOSITION

Le régime d'imposition s'entend de l'ensemble des règles qui définissent le calcul des bases d'imposition et les obligations déclaratives et comptables des contribuables.

La TVA, selon les dispositions de l'article 186 du CGI, est perçue suivant deux modes, à savoir :

- le mode du réel normal de taxation ;
- le mode du réel simplifié de taxation[270].

Aussi, ce chapitre sera-t-il consacré à la description et au fonctionnement des deux modes d'imposition, à savoir : le mode du réel normal de taxation et le mode du réel simplifié de taxation.

SECTION I. LE MODE DU REEL NORMAL DE TAXATION

Il convient d'évoquer les obligations pesant sur les redevables relevant du mode réel normal de taxation et les sanctions relatives à leur violation.

Paragraphe I. Les obligations

La TVA étant un impôt déclaratif, l'assujetti imposé sous le mode réel normal de taxation doit déterminer lui-même et sous sa propre responsabilité, le montant de la taxe exigible et le reverser au trésor.

Mais, outre cette déclaration, l'assujetti est tenu de :

- faire une déclaration d'existence ;
- tenir une comptabilité régulière, conformément aux normes fiscales et comptables ;
- respecter les règles relatives à la facturation ;
- conserver les documents comptables et fiscaux pour une période de dix ans ;

---

[270] Les conditions d'éligibilité à l'un ou l'autre mode sont définies aux articles 75 à 79 du CGI

- déclarer mensuellement son chiffre d'affaires et payer la TVA y afférente.

L'impôt doit être obligatoirement déclaré par les redevables assujettis à l'impôt suivant le mode du réel normal de taxation, dans les quinze premiers jours de chaque mois pour les opérations effectuées le mois précédent.

La déclaration doit être déposée dans les mêmes délais lorsque les redevables n'ont effectué au cours d'un mois déterminé aucune opération imposable.

L'impôt doit être obligatoirement versé par les redevables assujettis à l'impôt suivant le mode du réel normal de taxation, dans les quinze premiers jours de chaque mois ou le cas échéant le premier jour ouvrable suivant le quinzième jour dudit mois lorsque celui-ci tombe sur un jour non ouvrable pour les opérations effectuées le mois précédent[271].

Pour chaque trimestre, la somme à verser au titre de l'acompte est obtenue en appliquant au chiffre d'affaires trimestriel un coefficient et en imputant sur le montant ainsi calculé celui de la TVA afférente aux immobilisations ouvrant droit à déduction. Ce coefficient est de 0,80 % pour les ventes de biens meubles corporels taxables et de 3 % pour les prestations de service taxables.

Les acomptes versés dans les conditions visées ci-dessus s'imputent, à l'exclusion des pénalités et majorations, sur le montant de la taxe dû au titre du même exercice. Ce montant est déterminé sur la déclaration annuelle prévue à l'article 111 du LPF.

Les crédits éventuels de taxe sont reportables ou remboursables dans les conditions fixées aux articles 227 et 228 du CGI.

Paragraphe II. Les sanctions

Les redevables qui déposent après le délai fixé à l'article 110 du LPF, mais avant toute mise en demeure du service des impôts, leurs déclarations mensuelles sont passibles d'une amende égale à 25 % des

---

[271] Article 322 du LPF.

droits dus d'après cette déclaration. Le taux de cette amende est ramené à 5 % lorsque le retard ne dépasse pas un mois. Lorsque cette déclaration est souscrite après mise en demeure du service des impôts, la pénalité encourue est égale à 50 % des droits dus d'après la déclaration. Dans tous les cas, le minimum de pénalité est de 50.000 FCFA. Si, dans un délai de dix jours après mise en demeure du service des impôts, le redevable ne souscrit pas la déclaration qui lui a été réclamée, il est taxé d'office et l'impôt correspondant à cette taxation est majoré d'une amende égale à 100 % du montant de cet impôt. Dans le cas où la déclaration souscrite après le délai fixé à l'article 110 du LPF ne donne ouverture à aucun droit, la pénalité est de 50.000 FCFA.

Les contraventions aux dispositions de l'article 117 du LPF sont punies d'une amende fiscale de 50.000 FCFA par déclaration omise ou souscrite hors délai.

Les omissions et inexactitudes constatées dans les déclarations relatives à la TVA sont sanctionnées par une amende égale à 50 % des droits compromis. Le taux de cette amende est porté à 100 % lorsque, compte tenu de la nature de l'infraction commise, la bonne foi du contribuable ne peut être admise. Toute mention abusive de la TVA portée sur une facture ou un document en tenant lieu est sanctionnée par une amende fiscale égale au double du montant de la taxe illégalement facturée.

Tout redevable n'ayant pas acquitté la TVA dans les délais fixés à l'article 322 du LPF, est passible, indépendamment des sanctions prévues aux articles 119, 120 et 121 du LPF, d'un intérêt de 2 % de l'impôt dû par mois de retard décompté à partir de l'expiration des délais fixés à l'article 119 du LPF. La même sanction est applicable en cas de rectification d'office ou de taxation d'office, ou de toute autre procédure de redressement ; toutefois dans ces cas l'intérêt de retard ne commence à courir qu'à compter de la date d'approbation de l'état de liquidation dans lequel sont consignés les droits et pénalités dus. Cet intérêt s'applique aussi bien aux droits simples qu'aux pénalités infligées par les services d'assiette. Pour son calcul, toute fraction de mois est comptée pour un mois entier. Son montant ne peut en aucun cas être supérieur à 20 % des droits et pénalités dus.

Les redevables qui ne respectent pas les obligations prévues à l'article 112 LPF sont passibles d'une amende de 50.000 FCFA en sus des pénalités prévues aux articles 118 à 122 inclus du LPF.

Les sanctions sont destinées à obtenir l'observation des obligations prévues par la législation fiscale. Le défaut de déclaration d'existence, déclaration du changement de domicile ou d'adresse ou défaut de déclaration du changement des caractéristiques de l'exploitation donnent lieu à l'application d'une amende de 100.000 FCFA[272].

Toute mention abusive de la TVA portée sur une facture ou un document en tenant lieu est sanctionnée par une amende fiscale égale au double du montant de la taxe illégalement facturée[273].

SECTION II. LE MODE DU RÉEL SIMPLIFIÉ DE TAXATION

Les redevables relevant du mode du réel simplifié de taxation et leurs obligations feront l'objet des développements qui suivent.

Paragraphe I. Les redevables relevant du mode du réel simplifié de taxation

Le mode du bénéfice réel simplifié s'applique aux personnes :

- dont l'activité principale est de vendre des marchandises, objets, fournitures et denrées à emporter ou à consommer sur place, ou de fournir des prestations de services, lorsque leur chiffre d'affaires annuel hors TVA est supérieur ou égal à 50.000.000 et inférieur ou égal à 250.000.000 FCFA ;
- relevant du régime de l'impôt synthétique et qui ont exercé l'option pour le régime réel d'imposition.
- exploitants individuels exclus du régime de l'impôt synthétique lorsque le chiffre d'affaires annuel hors TVA n'excède pas cinquante millions.

En sont exclues, les personnes morales (sociétés de capitaux, sociétés de fait et les sociétés de personnes). Ces personnes quels que

---

[272] Article 644-A du LPF.

[273] Article 121 du LPF.

soit leur forme juridique et le chiffre d'affaires annuel, relèvent du mode du régime réel de taxation.

Paragraphe II. Les obligations des redevables relevant du mode du réel simplifié de taxation

L'impôt doit être obligatoirement déclaré par les redevables assujettis à l'impôt suivant le mode du réel simplifié de taxation, au plus tard le 15 mai de l'année suivant celle de la clôture de l'exercice comptable. Cette déclaration annuelle doit être conforme au modèle prescrit par l'Administration fiscale en vue de la régularisation des comptes de la TVA.

Cette déclaration récapitule les opérations réalisées et détermine le montant net de la taxe dû au titre de l'exercice comptable clos le 31 décembre de l'année écoulée.

L'impôt doit être obligatoirement versé par les redevables assujettis à l'impôt suivant le mode du réel simplifié d'imposition, au plus tard le quinzième jour suivant le trimestre civil ou le cas échéant le premier jour ouvrable suivant ce quinzième jour lorsque celui-ci tombe sur un jour non ouvrable pour les opérations effectuées le trimestre précédent.

TITRE II. LES AUTRES IMPÔTS INDIRECTS

En plus de la TVA, la législation fiscale a institué d'autres impôts indirects. Il s'agit notamment de la taxe sur les activités financières (chapitre I), la taxe sur les contrats d'assurances (chapitre II) et d'autres taxes indirectes, à savoir : l'impôt spécial sur certains produits (ISCP), la taxe intérieure sur les produits pétroliers (TIPP), la contribution de solidarité sur les billets d'avion, la taxe sur l'accès au réseau des télécommunications ouvert public, la taxe sur les exportations d'or non régi par le Code minier, la contribution spéciale de solidarité, la contribution spéciale sur la consommation des boissons alcoolisées (chapitre III).

CHAPITRE I.

LA TAXE SUR LES ACTIVITÉS FINANCIÈRES

La Loi n°99-012 du 1er avril 1999 portant modification du CGI a institué une taxe sur les activités financières (TAF) en lieu et place de la taxe sur les prestations et services sur les banques[274].

La TAF est régie par les dispositions du CGI et du LPF. Selon le CGI, les produits des opérations qui se rattachent aux activités bancaires ou financières et, d'une manière générale, tout produit se rattachant au commerce des valeurs et de l'argent sont soumis à la TAF au taux normal de 17% ou au taux réduit de 15%[275].

La TAF est une taxe sur la consommation susceptible de générer d'importantes recettes fiscales avec un coût d'administration relativement faible. L'application de la TAF à une activité exclut celle de la TVA[276]. Pour tenter de cerner les contours de la TAF, il convient d'aborder successivement le champ d'application, la base d'imposition, les obligations des redevables.

SECTION I. LE CHAMP D'APPLICATION

La délimitation du champ d'application de la TAF exige de déterminer les activités imposables, les personnes imposables, les activités exonérées et le fait générateur de l'impôt.

Paragraphe I. Les activités soumises à la TAF

Sont soumises à la Taxe sur les activités financières (TAF), les opérations qui se rattachent aux activités bancaires, financières. En

---

[274] La Loi n°99-012 du 1er avril 1999 transpose la Directive n°02/98/CM/UEMOA.
[275] Article 244 du CGI.
[276] Il a été suggéré, dans Etude sur le potentiel fiscal global de l'économie malienne, d'éliminer une série d'impôts spécifiques touchant les produits et services. A ce titre, la TAF devrait être supprimée et les services correspondant soumis à la TVA. « Il en découlerait une harmonisation des taux d'imposition ainsi que l'application des mécanismes de déduction des crédits et de recouvrement ». Projet d'appui à la mobilisation des recettes intérieures, Etude sur le potentiel fiscal global de l'économie malienne, novembre 2000, p.86.

somme, il s'agit de toute opération portant sur le commerce des valeurs et de l'argent.

Paragraphe II. Les personnes imposables et non imposables à la TAF

A. Les personnes assujetties

Sont assujettis à la TAF, les professionnels du commerce des valeurs et de l'argent, notamment :

- les banques, les établissements financiers, les agents de change et d'autres personnes réalisant, à titre principal, les opérations de nature bancaire ou financière ;
- les escompteurs et des remisiers.

Par commerce de valeurs, il faut entendre tout ce qui est relatif aux valeurs mobilières, c'est-à-dire le commerce des titres (actions, obligations, effets de commerce).

Quant au commerce de l'argent, il est constitué par toutes les opérations d'emprunt bancaire classique ainsi que toutes les transactions sur les devises.

B. Les exonérations

Elles peuvent être de deux ordres : soit parce que l'opération se trouve hors du champ d'application de la taxe soit parce que l'opération, étant dans le champ d'application de la TAF, l'opération est exonérée par une disposition du CGI.

a. Les opérations n'entrant pas dans le champ d'application de la TAF

Elles sont :

- les activités financières des assurances qui sont soumises à la Taxe sur les contrats d'assurance ;
- les opérations soumises à la TVA ;
- les opérations diverses, telles les consultations même faites par les professionnels du commerce des valeurs et de l'argent

(banquiers, notamment) n'entrent pas dans le champ d'application de la TAF ;

- les produits financiers à l'état pur : il s'agit des produits financiers qui sont soumis à l'impôt sur le revenu des créances et dépôts. Les intérêts des obligations, des bons de caisse entrent dans cette catégorie.

b. Les opérations exonérées à la TAF par une disposition expresse du CGI

- l'exonération peut être accordée en raison de la qualité de l'intervenant. Exemple, les opérations réalisées par la Banque centrale ainsi que les sommes versées par le trésor à la BCEAO sont exonérées de TAF ;

- l'exonération peut être accordée en raison de la nature de l'opération, il s'agit des intérêts et commissions réalisées sur le marché monétaire (excédent de trésorerie au niveau d'une banque transféré à une banque en déficit de trésorerie moyennant une commission ou un intérêt) ;

- les opérations de réescompte ou de pension d'effet.

Paragraphe III. Le fait générateur de la TAF

Il est constitué par l'encaissement du prix de la rémunération. En banque, cet encaissement se fait, de façon générale, par inscription au débit du compte du bénéficiaire du prêt ou de l'opération.

SECTION II. LA BASE D'IMPOSITION DE LA TAF

Pour les opérations bancaires et financières et, de façon générale, toutes les opérations qui se rattachent au commerce des valeurs et de l'argent, la base d'imposition est constituée par l'ensemble des recettes réalisées à l'occasion des opérations imposables, exclusion faite de la TAF elle-même. Elle ne s'applique pas au principal mais plutôt sur les intérêts ou sur les commissions.

SECTION III. LES OBLIGATIONS DES REDEVABLES

La taxe est déclarée et liquidée sur les imprimés servis par l'administration des impôts. Ces modalités de recouvrement sont identiques à celles de la Taxe sur la valeur ajoutée (TVA) et elles comportent les mêmes garanties et les mêmes sanctions. Ainsi, les assujettis sont tenus aux obligations suivantes :

- se faire connaître de l'administration fiscale dans les dix jours suivant le commencement de leurs opérations imposables ;
- tenir une comptabilité régulière ;
- déclarer dans les quinze premiers jours de chaque mois les affaires réalisées au cours du mois précédent et s'acquitter de l'impôt correspondant ;
- délivrer, lorsqu'ils traitent avec un autre assujetti, une facture mentionnant expressément le montant de la TVA exigible sur l'opération.

CHAPITRE II.

LA TAXE SUR LES CONTRATS D'ASSURANCES

Prévue par le CGI[277] et le LPF, la taxe sur les contrats d'assurance est une taxe spécifique sur le chiffre d'affaires s'appliquant seulement aux contrats d'assurance. Elle se rapproche de la TVA dont elle emprunte les mécanismes avec la particularité de ne concerner que des opérations spécifiques. La TVA ne s'applique pas aux opérations soumises à la Taxe sur les contrats d'assurances.

La taxe sur les contrats d'assurances peut être abordée à travers la brève étude des points suivants : l'assiette, les taux, les obligations des contribuables.

SECTION I. L'ASSIETTE DE LA TAXE SUR LES CONTRATS D'ASSURANCES

La taxe est prélevée par les sociétés d'assurances sur le montant des sommes stipulées au tarif en vigueur au jour de l'échéance. Il revient à la compagnie d'assurance de verser la taxe tous les mois.

Sont exonérés de la taxe sur les contrats d'assurance[278] :

- les opérations de réassurance ;
- les contrats d'assurance de toute nature passés par des sociétés de prévoyance et les sociétés mutuelles de production rurale ;
- les assurances de crédit à l'exportation ;
- les assurances sur la vie et assimilées, les contrats de rente viagère.

Après avoir précisé l'assiette de la taxe sur les contrats d'assurance, il convient d'examiner les taux.

SECTION II. LE TAUX

Le tarif de la taxe est fixé à :

- - 4% pour les contrats d'assurance contre les risques de toute nature de navigation maritime, fluviale, aérienne ou terrestre ;

[277] Les articles 367 à 372 et 223 à 227 du LPF.
[278] Article 371 du CGI.

- - 20% pour tous les autres contrats d'assurance.

De nombreuses obligations pèsent sur les redevables de la taxe sur les contrats d'assurance qu'il ne serait pas inutile de mettre en exergue.

SECTION III. LES OBLIGATIONS DES CONTRIBUABLES

L'assureur doit faire apparaître clairement, dans tous les contrats conclus au Mali et sur les quittances remises aux assurés, le montant de la taxe qui doit être reversée au trésor public.

Pour faciliter la gestion de la taxe sur les contrats d'assurance, les assureurs doivent procéder à certaines déclarations :

- une déclaration d'existence dès la création de la société ou son installation au Mali (la réglementation applicable est essentiellement constituée du Code issu de la Conférence interafricaine des marchés d'assurances - CIMA ;
- une déclaration énonçant la nature de ces opérations et les noms du directeur de la société ou du chef de l'établissement.

Les assureurs étrangers doivent déposer au service compétent des impôts une copie de leur décret d'agrément, mentionnant expressément le nom de leur représentant. Ce dernier sera personnellement responsable du paiement de la taxe et des pénalités.

CHAPITRE III.

LES AUTRES TAXES INDIRECTES

La législation fiscale a prévu de nombreuses taxes indirectes. La taxe intérieure sur les produits pétroliers, l'impôt spécial sur certains produits, la taxe sur l'accès au réseau des télécommunications ouvert au public, la taxe due par les exportateurs d'or et autres produits miniers non régis par le Code minier, la contribution spéciale de solidarité, la contribution spéciale sur la consommation des boissons alcoolisées seront étudiés.

SECTION I. LA TAXE INTÉRIEURE SUR LES PRODUITS PÉTROLIERS

Instituée au profit du budget d'Etat, la taxe intérieure sur les produits pétroliers (TIPP) est un impôt indirect. Pour une meilleure administration, sa gestion est confiée à l'administration des Douanes.

L'étude sommaire de cette taxe sera conduite à travers les points suivants :

- le champ d'application ;
- la déclaration et la constatation des infractions ;
- les droits de reprise et délai de prescription.

Paragraphe I. Le champ d'application

Sont soumis à la TIPP, les produits visés ci-après : Essences spéciales, autres, Essence d'aviation, Essence auto super, Essence auto ordinaire, Huiles légères, autres, Carburéacteur, Pétrole lampant, Huiles moyennes, autres, Gas oil, Fuel oil domestique, Fuel oil léger, Fuel oil lourd I, Fuel oil lourd II, Gaz butane liquéfié

La base imposable de la TIPP est constituée par le volume à 15°C ou le poids. Les taux de la TIPP sont fixés par arrêté du Ministre chargé des finances.

Le fait générateur de la taxe est constitué par la mise à la consommation au sens de la réglementation douanière en ce qui concerne les importations.

En ce qui concerne la production nationale, le fait générateur est constitué par la livraison.

Paragraphe II. La déclaration et la constatation des infractions

La TIPP due sur les produits importés est déclarée dans les mêmes conditions et délais que les droits et taxes de douanes au cordon douanier[279].

Les infractions sont constatées et réprimées comme en matière douanière.

En ce qui concerne la production nationale, la déclaration est faite dans les mêmes conditions et sous les mêmes sanctions que la TVA.

Paragraphe III. Les droits de reprise et délai de prescription :

La situation varie selon que l'on se trouve en matière d'assiette ou de recouvrement.

En matière d'assiette, l'Administration dispose d'un délai expirant à la fin de la troisième année suivant respectivement celle du fait générateur et de l'exigibilité pour procéder à la recherche et à la liquidation des droits qui n'auraient pas fait l'objet d'une déclaration, ou qui n'auraient pas été acquittés ou qui auraient été éludés d'une manière quelconque.

Le délai de reprise de trois ans est porté à cinq ans, en cas de découverte de fraude.

La prescription est interrompue par les notifications de redressements, par les déclarations ou notifications de procès-verbal, par tout acte comportant reconnaissance des redevables ainsi que tous autres actes interruptifs de droit commun[280].

---

[279] Article 126 du LPF.
[280] Article 593 du LPF.

En matière de recouvrement, les sommes dues par les contribuables au titre de la TIPP sont soumises à la prescription de droit commun tant qu'elles n'ont pas été rendues exécutoires[281].

Elles sont prescrites à leur profit après un délai de quatre ans à partir du jour où elles ont été rendues exécutoires ou depuis que les poursuites ont été abandonnées.

SECTION II. L'IMPÔT SPÉCIAL SUR CERTAINS PRODUITS

L'impôt spécial sur certains produits (ISCP) est un impôt d'Etat, régi par les articles 240 à 243 du CGI et des articles 123 et 124 du LPF. Sur de nombreux points, il y a, soit renvoi aux règles applicables à la taxe sur la valeur ajoutée, soit renvoi à la réglementation douanière. L'étude de cet impôt peut se limiter pour l'essentiel à son champ d'application et aux obligations des redevables.

Paragraphe I. Le champ d'application

Il s'agit des importations et des livraisons à la consommation des produits suivants : boissons alcoolisées, boissons gazeuses, carburants et lubrifiants, tabacs, cartouches, noix de cola, lingot d'or…

Les opérations imposables à l'impôt spécial sur certains produits sont, au regard de l'article 240 du Code général des impôts, constituées par les importations et livraisons à la consommation des produits suivants : boissons alcoolisées, boissons gazeuses, tabacs, armes et munitions, noix de cola, produits miniers nationaux. Il est dû une fois pour un même produit. Toutefois, il s'ajoute à la TVA lorsque cette taxe est du.

Le fait générateur de l'impôt est constitué pour :

- les produits importés, par la mise à la consommation au Mali, au sens de la réglementation douanière ;
- pour les produits fabriqués ou extraits au Mali, par la première livraison à la consommation au Mali, que cette livraison s'effectue à titre onéreux ou gratuit.

---

[281] Article 597 du LPF.

Les prélèvements opérés par les fabricants pour leurs propres besoins sont assimilés à des livraisons à la consommation.

La base de calcul de l'impôt est constituée :

- à l'importation par la valeur en douane majorée des droits et taxes dus à l'entrée, à l'exception de la taxe sur la valeur ajoutée ;
- en régime intérieur, c'est-à-dire le cas des produits fabriqués localement, par le prix de vente sortie - usine, à l'exception de la taxe sur la valeur ajoutée.

Le taux de l'impôt est fixé par décret pris en Conseil des ministres dans la limite des fourchettes indiquées à l'article 240 (nouveau) du CGI.

Paragraphe II. Les obligations

L'impôt est acquitté par les personnes effectuant les opérations taxables.

Pour les produits importés, l'ISCP est déclaré dans les mêmes conditions et délais que les droits de douanes. Les infractions y afférentes sont constatées, poursuivies et réprimées comme en matière de droit de douane.

L'ISCP dû sur les produits nationaux, est déclaré, selon les termes de l'article 124 du Livre de procédures fiscales, dans les mêmes conditions et délais et sous les mêmes sanctions que la taxe sur la valeur ajoutée (TVA).

Le service des impôts n'est compétent que pour les produits de fabrication locale.

SECTION III. LA TAXE SUR L'ACCES AU RÉSEAU DES TÉLÉCOMMUNICATIONS OUVERT AU PUBLIC (TARTOP)

La Taxe sur l'Accès au Réseau des Télécommunications Ouvert au Public (TARTOP) est instituée au profit du budget de l'État. Elle est régie par les articles 253 AA à 253 AF du CGI et par l'article 227 S du LPF. Le taux de la taxe est fixé à 7 %.

La TARTOP peut être appréhendée à travers l'examen des règles relatives à son champ d'application, à son recouvrement, à son contrôle.

Paragraphe I. Le champ d'application

Sous réserve de l'application de conventions et accords internationaux signés et ratifiés par le Mali, est soumise à la TARTOP toute personne titulaire d'une licence d'exploitation du réseau des télécommunications ouvert au public délivrée par ou pour le compte de l'État du Mali.

L'assiette de la taxe est constituée par le montant hors TVA du chiffre d'affaires réalisé par le titulaire d'une licence d'exploitation du réseau des télécommunications ouvert au public.

Le fait générateur et l'exigibilité de la taxe interviennent simultanément à :

- En ce qui concerne la téléphonie mobile :
- la livraison de carte téléphonique ;
- l'émission d'une facture avant toute livraison de carte téléphonique l'encaissement, sur la base de facture ou non, du prix ou d'acomptes sur le prix, antérieurement à la livraison de carte téléphonique ou à l'émission de facture ou document en tenant lieu ;
- l'exécution de la prestation, s'agissant du roaming.
- En ce qui concerne le téléphone fixe :
- l'exécution de la prestation ;
- l'émission d'une facture avant que les prestations ne soient effectuées ;
- l'encaissement, sur la base de facture ou non, du prix de la prestation ou d'acompte sur ce prix, antérieurement à la réalisation de ladite prestation ou à l'émission de facture ou document en tenant lieu.

Les titulaires de licences d'exploitation du réseau des télécommunications ouvert au public fixes et/ou mobiles sont les redevables réels et légaux de la taxe.

Paragraphe II. Le recouvrement et le contrôle de la taxe

Les opérations de recouvrement et de contrôle afférentes à la TARTOP sont du ressort de la Direction générale des Impôts et sont exécutées dans les mêmes conditions et délais, les mêmes modalités et les mêmes procédures et garanties prévues par le CGI et le LPF en matière de TVA.

SECTION IV. LA TAXE DUE PAR LES EXPORTATEURS D'OR ET AUTRES PRODUITS MINIERS NON REGIS PAR LE CODE MINIER

La Loi des Finances 2017 a institué une taxe dénommée « taxe due par les exportateurs d'or et autres produits miniers non régis par le Code minier ». La taxe due par les exportateurs d'or et autres produits miniers non régis par le Code minier est régie par les articles 253 AG à 253 AK du CGI et 227 T du LPF. Elle est due par les exportateurs d'or et autres produits miniers non régis par le Code minier. Le produit de la taxe est affecté au budget national.

La base de calcul de la taxe due par les exportateurs d'or et autres produits miniers non régis par le Code minier est constituée par la valeur du produit à l'exportation.

Le taux de la taxe due par les exportateurs d'or et autres produits miniers non régis par le Code minier est fixé à 2 %.

La taxe sur les exportateurs d'or non régis par le Code minier est perçue dans les mêmes conditions, et selon les mêmes modalités et sanctions que celles prévues en matière de droit de timbre sur l'exportation d'or et du coton.

SECTION V. LA CONTRIBUTION DE SOLIDARITÉ SUR LES BILLETS D'AVION

La Loi n°2008-001 a prévu l'institution d'une contribution, dénommée la contribution de solidarité sur les billets d'avion. Son produit est destiné à alimenter le fonds dédié à la lutte contre le Sida.

La Contribution de Solidarité sur les billets d'avion est due sur les titres de transport international par avion émis sur le territoire du Mali. Sont exonérés de la Contribution de Solidarité sur les billets d'avion :

- le personnel dont la présence à bord est directement liée au vol considéré, notamment les membres de l'équipage assurant le vol, y compris les agents de sécurité ou de police ;
- les passagers en transit ;
- les enfants de moins de deux ans ;
- les évacuations sanitaires d'urgence ;
- les cas de force majeure conformément au Protocole de Montréal.

Les tarifs de la Contribution de Solidarité sur les billets d'avion sont fixés comme suit[282] :

- titre de transport aérien en classe économique à destination d'un pays membre de la CEDEAO : 500 FCFA ;
- titre de transport aérien en classe économique à destination d'un pays situé hors de la zone CEDEAO : 2.000 FCFA ;
- titre de transport aérien en Première classe ou en classe Affaire à destination d'un pays membre de la CEDEAO : 4.000 FCFA ;
- titre de transport aérien en Première classe ou en classe Affaire à destination d'un pays situé hors de la zone CEDEAO : 7.000 FCFA.

Le fait générateur et l'exigibilité de la Contribution de Solidarité sur les billets d'avion coïncident avec la mise à disposition du titre de transport soit par les compagnies aériennes, soit par les agences de voyages, soit par toute autre structure chargée de l'émission dudit titre[283].

Sous réserve des dispositions de l'article 253 B ci-dessus, le bénéficiaire du titre de transport aérien est le redevable réel de la Contribution de Solidarité sur les billets d'avion[284].

---

[282] Article 253-C du CGI.
[283] Article 253-D du CGI.
[284] Article 253-E du CGI.

Les compagnies de transport aérien sont les seuls redevables légaux de la Contribution de Solidarité sur les billets d'avion même si elles ont recours aux services d'agences de voyages et/ou d'autres structures pour la vente des billets d'avion[285].

Les redevables légaux de la Contribution de solidarité sur les billets d'avion, aux termes des dispositions de l'article 227-A du LPF, sont tenus de déclarer à la Recette du service des Impôts dont ils relèvent les sommes perçues au titre de ladite contribution.

Pour un mois donné, le dépôt de la déclaration des sommes dues a lieu au plus tard le quinzième jour du mois suivant ou le cas échéant le premier jour ouvrable suivant cette date lorsque celle-ci coïncide avec un jour non ouvrable ou férié.

Les redevables qui déposent après le délai fixé à l'article 227 A ci-dessus, mais avant toute mise en demeure du service des impôts, leurs déclarations mensuelles sont passibles d'une amende égale à 25 % des droits dus d'après cette déclaration[286]. Le taux de cette amende est ramené à 5 % lorsque le retard ne dépasse pas un mois.

Lorsque cette déclaration est souscrite après mise en demeure du service des impôts, la pénalité encourue est égale à 50 % des droits dus d'après la déclaration. Dans tous les cas, le minimum de pénalité est de 50.000 FCFA. Si, dans un délai de dix jours après mise en demeure du service des impôts, le redevable ne souscrit pas la déclaration qui lui a été réclamée, il est taxé d'office et l'impôt correspondant à cette taxation est majoré d'une amende égale à 100 % du montant de cet impôt.

Dans le cas où la déclaration souscrite après le délai fixé à l'article 227 A du présent Livre ne donne ouverture à aucun droit, la pénalité est de 50.000 FCFA. Les contraventions aux dispositions de l'article 117 du présent Livre sont punies d'une amende fiscale de 50.000 FCFA par déclaration omise ou souscrite hors délai. Les omissions et inexactitudes constatées dans les déclarations relatives à la Contribution de Solidarité sur les billets d'avion sont sanctionnées par une amende

---

285 Article 253-F du CGI.

286 Article 227-B du LPF.

égale à 50 % des droits compromis[287]. Le taux de cette amende est porté à 100 % lorsque, compte tenu de la nature de l'in- fraction commise, la bonne foi du contribuable ne peut être admise.

SECTION VI. LA CONTRIBUTION SPÉCIALE DE SOLIDARITÉ

L'Ordonnance n°2025-007/PT-RM du 07 février 2025 a institué, au profit du budget de l'Etat, une contribution dénommée « Contribution Spéciale de Solidarité », en abrégé « CSS ». Elle est assise sur le chiffre d'affaires hors taxes réalisé par les entreprises relevant de l'impôt sur les bénéfices industriels et commerciaux ou de l'impôt sur les sociétés qui en sont les redevables réels et légaux. Le taux de la CSS est fixé à 0,5%. Le fait générateur et l'exigibilité de la CSS se réalisent dans les mêmes conditions qu'en matière de taxe sur la valeur ajoutée (TVA).

Les opérations d'assiette, de recouvrement, de contrôle et de contentieux afférentes à la CSS relèvent de la DGI et sont exécutées dans les mêmes conditions, selon les mêmes modalités, procédures et garanties qu'en matière de TVA.

SECTION VII. LA CONTRIBUTION SPÉCIALE SUR LA CONSOMMATION DES BOISSONS ALCOOLISÉES

L'Ordonnance n°2025-007/PT-RM du 07 février 2025 a institué, au profit du budget de l'Etat, une contribution spéciale sur la consommation des boissons alcoolisées. Elle est à la charge du consommateur desdites boissons. Les producteurs et les importateurs en sont les redevables légaux.

- Le fait générateur et l'exigibilité de la contribution spéciale sur la consommation des boissons alcoolisées sont constitués :
- pour les boissons alcoolisées fabriquées au Mali, par la première livraison à la consommation au Mali, que cette livraison s'effectue à titre onéreux ou gratuit.
- Les prélèvements opérés par les fabricants pour leurs propres besoins sont assimilés à des livraisons à la consommation ;

[287] Article 227-c du LPF.

- pour les boissons alcoolisées importées, par la mise à la consommation au Mali, au sens de la réglementation douanière.

Les tarifs applicables sont :

- pour les boissons alcoolisées fabriquées au Mali :
- alcool d'un titrage supérieur à 6° d'alcool pur et inférieur ou égal à 15° : 1000 F CFA /L ;
- alcool d'un titrage supérieur à 15% : 3000 CFA /L
- pour les boissons importées :
- Alcool d'un titrage supérieur à 6° d'alcool pur et inférieur ou égal à 15°, de la nomenclature 22 03, 22 04, 22 05 et 22 08 : 2000 F CFA /L ;
- - alcool d'un titrage supérieur à 15°, de la nomenclature 22 07 : 6000 F/L.

Les opérations d'assiette, de recouvrement, de contrôle et de contentieux ainsi que les sanctions afférentes à la contribution spéciale sur la consommation des boissons alcoolisées sont exécutées dans les mêmes conditions, selon les mêmes modalités, procédures et garanties qu'en matière de TVA.

Les recettes attendues de l'institution de la contribution spéciale de solidarité et contribution spéciale sur la consommation des boissons alcoolisées sont estimées à 52,758 milliards de francs CFA.

QUATRIÈME PARTIE :

LES DROITS D'ENREGISTREMENT ET DE TIMBRE

Les droits d'enregistrement sont dus lors de la réalisation d'opérations juridiques limitativement énumérées par la législation fiscale ou lors de l'ouverture des successions. Ils ne sont pas très rentables en termes de recettes fiscales. Toutefois, au regard de leur fréquence, ils ont une importance pratique. En effet, ils sont des impôts événementiels qui s'appliquent à la plupart des transactions immobilières (mutations à titre onéreux), aux legs et successions (mutations à titre gratuit) et à l'enregistrement officiel de certains actes judiciaires (jugements, certificats de propriété).

Pour la clarté de l'exposé, les droits d'enregistrement seront abordés à travers les notions générales, les principes généraux régissant la perception des droits et les règles relatives au paiement des droits et les droits de timbre.

TITRE I. LES DROITS D'ENREGISTREMENT

Ce titre, consacré à l'étude des droits d'enregistrement, vise à poser le cadre conceptuel et juridique de ces droits à travers l'examen des notions générales d'une part, (chapitre I) et les principes généraux de la perception des droits, d'autre part (chapitre II).

Paragraphe II. Les effets

L'enregistrement, d'une façon générale, n'est pas une condition de validité des actes. Un acte nul reste nul même s'il a été enregistré ; de même un acte valable conserve toute sa valeur même si, devant être obligatoirement enregistré dans un délai, il ne l'a pas été. Toutefois, dans ce cas, les parties à l'acte ont enfreint la législation fiscale et encourent donc une pénalité qui s'ajoute aux droits qu'elles auraient normalement acquittés.

En effet, l'enregistrement a essentiellement un but fiscal, c'est-à-dire procurer des recettes au trésor public. Cependant, l'enregistrement peut dans certains cas présenter un autre intérêt :

- il donne date certaine aux actes sous seings privés. Soit un acte sous seing privé qui porte la date du 10 janvier 2024, rien ne prouve qu'il a bien été rédigé et signé à cette date ; si cet acte a été enregistré le 11 février 2024 on aura par contre la preuve que la rédaction et la signature de cet écrit remontent au plus tard au 11 février 2024 ;
- parfois, l'enregistrement est indispensable pour permettre de rendre l'acte opposable aux tiers (vente de fonds de commerce, contrat de gage) ;
- il peut constituer, en outre, entre les parties un commencement de preuve par écrit ou, tout au moins, une présomption d'existence d'un titre.

Paragraphe III. Les caractères

L'impôt d'enregistrement est classé parmi les impôts indirects. Il frappe certains faits accidentels tels que la rédaction d'un acte, la mutation d'un droit. Il est assis, liquidé et recouvré simultanément sans émission.

SECTION II. LES ACTES ET MUTATIONS SOUMIS À LA FORMALITÉ D'ENREGISTREMENT

La formalité de l'enregistrement peut s'appliquer soit à des actes, soit à des mutations ne résultant pas d'un acte. Ainsi, le champ d'application des droits d'enregistrement est constitué d'une part, des actes, d'autre part, des mutations.

Paragraphe I. Les actes assujettis obligatoirement à la formalité de l'enregistrement

Les actes les plus importants sont soumis obligatoirement à la formalité d'enregistrement. Mais tous les actes peuvent être soumis à la formalité volontairement.

A. Les actes assujettis obligatoirement à la formalité

L'obligation de les faire enregistrer découle soit de la qualité de la personne qui les a rédigés, soit de la nature des conventions qu'ils renferment, soit de la profession à laquelle ils se rattachent.

I. Les actes assujettis à la formalité en raison de la qualité de la personne qui les rédige

La règle de l'assujettissement à la formalité de l'enregistrement en raison de la qualité du rédacteur de l'acte est prévue par le CGI. Les actes soumis à la formalité en raison de la qualité de la personne qui les rédige sont :

- les actes des notaires, quel que soit leur contenu ;
- les testaments reçus par les notaires ou déposés auprès d'eux ;
- les actes judiciaires[290] ;
- les actes extrajudiciaires, c'est-à-dire ceux dressés par les huissiers[291].

II. Les actes assujettis à la formalité en raison de l'opération juridique qu'ils constatent

Certains actes sont soumis obligatoirement à la formalité en raison de l'opération juridique qu'ils constatent. L'assujettissement de ces actes est indépendant de leur forme[292].

[290] Il s'agit des arrêts des cours, des jugements et décisions rendus par les tribunaux.
[291] Par exemple, le procès-verbal de constat.
[292] Il peut s'agir d'un acte authentique ou d'un acte privé.

Ce sont :

- les actes portant transmission de propriété[293], d'usufruit ou de jouissance[294] d'immeuble[295]ou de droit au bail d'un immeuble ainsi que de fonds de commerce ou de clientèle[296] ;
- les actes portant transmission de propriété, d'usufruit ou la jouissance de biens meubles[297] ;
- les actes constatant les cessions d'action ou de part d'intérêts d'une société doivent être également enregistrés ;
- les certificats de propriété[298] ;
- les inventaires[299] de meubles et objets divers ;
- la plupart des actes concernant les sociétés : création, prorogation, dissolution, transformation, augmentation, réduction de capital ;
- les contrats de mariage ;
- les actes de partage de biens meubles et immeubles (partage de succession, partage de sociétés) ;
- les marchés administratifs.

III. Les actes assujettis à la formalité en raison de la profession ou de l'activité à laquelle ils se rattachent

Il s'agit des actes reçus par les agents d'affaires immobiliers ou les marchands de biens. Est considéré comme marchand de biens celui qui achète en vue de les revendre les immeubles et les fonds de commerce.

---

293 Par exemple la vente.

294 Par exemple le bail, la location.

295 Par exemple les bâtiments et les terrains.

296 L'acte portant vente d'une villa, d'un fonds de commerce, l'acte portant gérance libre d'un fonds de commerce doivent obligatoirement être enregistrés, qu'ils soient authentiques ou seing privés.

297 Par exemple les marchandises, les matériels, les mobiliers.

298 Ecrits attestant que telle personne est propriétaire de tel bien.

299 Les inventaires sont des écrits décrivant les objets mobiliers se trouvant à une date donnée en un endroit déterminé et qui précisent souvent l'évaluation des biens inventoriés.

B. Les actes soumis à la formalité d'enregistrement par la seule volonté des parties

Les actes (écrits) autres que les actes assujettis obligatoirement à la formalité ne sont pas soumis à l'enregistrement dans un délai déterminé. Ils peuvent, toutefois, être enregistrés si les parties le demandent. Dans ce cas, il n'est perçu qu'un simple droit fixe, représentant le salaire de la formalité. Exemple : procuration, contrat de prêt sous seing privé.

Paragraphe II. Les mutations soumises obligatoirement à la formalité d'enregistrement

Par mutation, il faut entendre la transmission d'un droit d'une personne à une autre. Lorsqu'une mutation est constatée par un acte, son enregistrement résulte, en règle générale, de la formalité donnée à cet acte. Mais certaines mutations sont soumises à l'enregistrement par le seul fait de leur réalisation, même s'il n'y a pas d'acte. Elles doivent être déclarées au bureau de l'enregistrement dans un délai déterminé. Ce sont les mutations par décès et celles entre vifs.

Les transmissions de biens résultant d'un décès sont obligatoirement soumises à déclaration. Les mutations par décès (succession) quelle que soit la nature des biens ainsi transmis (meubles ou immeubles).

Les mutations entre vifs sont soumises à la formalité de l'enregistrement par le seul fait de leur existence, même en l'absence d'acte les constatant, elles doivent faire l'objet de déclaration au bureau compétent. Ce sont :

- les mutations de propriété ou d'usufruit de biens immeubles, de fonds de commerce, de clientèle ou de droit au bail d'un immeuble ;
- les locations verbales d'immeubles ;
- les mutations de jouissance de fonds de commerce[300].

[300] Exemple : contrat de gérance libre de fonds de commerce.

n'avait pas de domicile au Mali mais s'il y est décédé, le bureau compétent est celui du lieu du décès.

Si une personne non domiciliée au Mali décède à l'étranger en laissant des biens imposables au Mali (immeubles), ses héritiers devront, en ce qui concerne ces biens, souscrire une déclaration de succession auprès du bureau de Bamako.

Les mutations verbales entre vifs doivent être déclarées au bureau de la situation des biens.

Paragraphe III. Les délais pour l'enregistrement des actes et mutations

Les délais sont de rigueur et ne peuvent être prorogés que par une loi. Leur inobservation donne lieu aux sanctions prévues par la législation fiscale, quel que soit le motif du retard. Ils sont suspensifs du paiement des droits, jusqu'à leur expiration, l'administration fiscale ne peut poursuivre les redevables.

A. Les règles applicables aux actes

Les règles applicables aux actes seront consacrées à l'examen des délais applicables, en distinguant le délai de droit commun d'un mois et le délai exceptionnel de trois mois.

1. Le délai général d'un mois

Tous les actes soumis obligatoirement à l'enregistrement doivent, en principe, être uniformément présentés à la formalité dans le délai d'un mois à compter de leur date. Cependant, pour les testaments, le délai court à partir du décès. La date à prendre en considération est celle indiquée sur l'acte. Si le jour de l'expiration du délai est un jour de fermeture totale ou partielle du bureau, le délai est prorogé jusqu'au premier jour ouvrable suivant.

Le délai court toutefois :

- pour les marchés administratifs à compter de la date de notification ;

- pour les testaments déposés chez les notaires ou reçus par eux, à compter du décès.

2. Le délai exceptionnel de trois mois

Le délai est porté à trois mois dans les cas ci-après :

- l'officier public qui a rédigé l'acte ne réside pas dans la localité où est établi le bureau de l'enregistrement ;
- l'acte sous seing privé a été passé dans une localité où n'existe pas de bureau d'enregistrement[302] ;
- l'acte a été passé à l'étranger.

B. Les règles applicables aux mutations non constatées par un acte

Les règles applicables aux mutations non constatées par un acte s'articulent autour de deux catégories principales : celles relatives aux mutations entre vifs d'une part, et celles applicables aux mutations par décès, d'autre part.

Mutations entre vifs : Le délai général est d'un mois et commence à courir à compter de l'entrée en possession ou en jouissance.

Mutations par décès : Le délai est de six mois à compter du décès lorsque le décès est survenu au Mali. Il est d'un an à compter du décès lorsque le décès est survenu hors du Mali.

SECTION IV. LE PAIEMENT DES DROITS

Le paiement des droits d'enregistrement obéit à des règles précises. Aussi, la présente section s'organise-t-elle autour de deux paragraphes : le premier traite des règles du paiement au comptant, tandis que le second est relatif à l'obligation et la contribution au paiement.

---

[302] Aucune des parties à l'acte ne doit dans ce cas avoir sa résidence au siège du bureau.

Paragraphe I. Les règles du paiement au comptant

Le paiement des droits est préalable à l'accomplissement de la formalité. Les redevables doivent, s'ils veulent que leur acte soit enregistré, acquitter la totalité des droits que leur réclame l'Administration fiscale.

La règle de paiement immédiat de l'impôt admet toutefois des tempéraments.

Le paiement peut, dans certains cas, être bien déterminé fractionné ou différé.

Dans certains cas, l'enregistrement a lieu en débet : les droits dus sont calculés mais ne seront perçus que plus tard (assistance judiciaire, jugements correctionnels).

Paragraphe II. L'obligation et la contribution au paiement

L'obligation de payer les droits incombe, en principe, à l'officier public ou à l'autorité qui a rédigé l'acte authentique.

En ce qui concerne les actes sous seings privés, toutes les parties à l'acte sont solidaires pour le paiement des droits dus.

Exemple : Diarra vend à Traore et Coulibaly un fonds de commerce pour le prix de cinquante millions (50.000.000). L'administration a la possibilité de réclamer la totalité des droits dus soit à Diarra, soit à Traore, soit à Coulibaly. l'acte doit être enregistré à la diligence de l'une des parties.

Quant aux successions, la déclaration doit être souscrite et les droits payés par les héritiers qui sont solidaires vis-à-vis de l'administration ; cela veut dire qu'elle peut réclamer à un seul la totalité des droits. La déclaration ne sera enregistrée que si tous les droits ont été payés. Celui qui paie les droits d'enregistrement n'est donc pas toujours celui qui en supporte la charge.

Exemple : Pour un acte de notaire, c'est le notaire qui paie effectivement, il est le redevable légal mais, en définitive, ce sont les parties à l'acte qui en ont la charge, elles sont redevables réels.

s'appliquent aux mutations à titre gratuit entre vifs ou pour cause de mort, par exemple les successions ou donations entre vifs.

SECTION II. L'ASSIETTE ET LA LIQUIDATION DES DROITS D'ENREGISTREMENT

La perception des droits d'enregistrement exige avant de passer au calcul des droits proprement dits la solution d'un certain nombre de difficultés. Il s'agit, en premier lieu de savoir si l'écrit présenté à la formalité constitue bien le titre d'une convention taxable[306].

L'administration fiscale doit ensuite analyser l'acte et en déterminer le véritable caractère, par exemple il peut s'agir d'une donation déguisée en vente. Certains actes présentent en outre des particularités qui peuvent avoir des conséquences en matière d'enregistrement : actes ne produisant pas d'effets dans l'immédiat, actes contenant plusieurs stipulations (actes portant à la fois vente de meubles et d'immeubles, acte de vente de fonds de commerce avec prêt de somme d'argent pour en acquitter le prix).

Il faut préciser que les droits à appliquer sont ceux en vigueur à la date du fait générateur.

En ce qui concerne les actes soumis obligatoirement à l'enregistrement, le fait générateur se situe lors de la création de l'acte. Les droits seront acquittés au tarif en vigueur au jour de la date mentionnée sur l'acte et non au jour de la présentation de l'acte à la formalité de l'enregistrement.

Les actes non soumis obligatoirement à la formalité seront enregistrés au tarif en vigueur au jour de la présentation de l'acte à la formalité : dans ce cas c'est cette présentation qui constitue le fait générateur.

Quant aux mutations verbales, le droit à percevoir est celui en vigueur à la date d'entrée en possession ou d'entrée en jouissance.

Les mutations par décès : le tarif applicable est celui en vigueur à la date du décès.

---

[306] Un écrit non signé ne peut donner ouverture qu'au droit fixe.

Paragraphe I. L'assiette des droits proportionnels et progressifs

Ces droits sont calculés sur les valeurs. Les éléments nécessaires pour la perception sont généralement indiqués dans l'acte ou dans la déclaration présentée à l'enregistrement : prix en cas de vente, loyer en cas de bail, évaluation des biens laissés par un défunt ou des apports effectués à une société. Les redevables sont d'ailleurs tenus d'indiquer, par une déclaration estimative, la valeur des biens à taxer chaque fois que cette valeur ne résulte pas de l'acte lui-même. Au moment de l'enregistrement, les droits sont perçus sur le prix ou les valeurs déclarées dans l'acte.

Paragraphe II. La liquidation des droits proportionnels et progressifs

1. Pour la perception de ces droits, la base de taxation est arrondie au millier de francs inférieur. Exemple : Si le prix est de 110.000 F, une somme de 110.000 francs.

2. Il ne peut être perçu moins de 1250 F pour l'enregistrement des actes et mutations passibles du droit proportionnel.

3. Le montant des droits exigibles est arrondi au multiple de 5 le plus voisin.

SECTION III. LES INFRACTIONS ET SANCTIONS

L'étude de l'essentiel des dispositions relatives aux diverses infractions et sanctions relatives aux droits d'enregistrement se fera à travers deux paragraphes : d'abord le retard et le défaut d'enregistrement, ensuite la minoration de la base de taxation.

Paragraphe I. Le retard et le défaut d'enregistrement

Les actes présentés volontairement à la formalité de l'enregistrement ou mutations déclarées mais après que le délai imparti pour l'enregistrement soit expiré : amende égale au montant du droit dû sur l'acte ou la mutation.

La découverte d'un acte ou d'une mutation non présenté à la formalité de l'enregistrement ou non déclaré dans les délais entraîne une amende égale au double des droits dus sur l'acte ou la mutation.

Paragraphe II. La minoration de la base de taxation

Lorsque le prix déclaré ou l'évaluation ayant servi de base à la perception des droits proportionnels ou progressifs est inférieur à la valeur vénale réelle des biens transmis, dans le cas de vente d'immeuble ou de fonds de commerce, si un accord amiable ne peut être conclu entre le redevable et l'administration, le redevable est déféré devant une commission de conciliation. Au cas où le redevable contexte la décision de la commission, la base de taxation est fixée par voie d'experts. Les insuffisances ainsi établies sont sanctionnées par :

- - une amende égale à la moitié du complément des droits dus si l'insuffisance est reconnue après la notification de l'avis de conciliation ;
- - une amende égale au double du complément de droits dus dans les autres cas.

En dehors de la procédure de conciliation et d'expertise, l'administration dispose d'un délai de trois ans à compter de l'acte ou de la déclaration pour établir par tous les moyens de preuves admissibles en justice, l'insuffisance de prix ou des évaluations. Dans ces cas, l'amende est égale au complément des droits dus à la condition que l'insuffisance soit égale ou supérieure à un dixième du prix exprimé ou de la valeur déclarée. Cette procédure doit obligatoirement être utilisée en matière de mutations mobilières autres que celles portant sur les fonds de commerce et au droit au bail.

A. Le droit de préemption

Pendant un délai de six mois à compter du jour de l'enregistrement de l'acte ou de la déclaration, le service de recouvrement peut exercer au profit du Trésor un droit de préemption sur les immeubles, droits immobiliers, fonds de commerce ou clientèle, droit à un bail ou au bénéfice d'une promesse de bail portant sur tout ou partie d'un immeuble lorsqu'il estime que la valeur déclarée ou énoncée a été minorée : l'Etat devient propriétaire du bien préempté, mais doit verser aux ayants-droits une somme égale au montant du prix déclaré majoré d'un dixième.

B. La dissimulation

Il y a dissimulation lorsque le prix déclaré pour un bien est inférieur au prix réellement payé. En matière de vente d'immeuble ou de fonds de commerce ou de clientèle, dans la soulte d'un échange ou d'un partage ou dans le prix de cession d'un droit à un bail si l'administration fiscale est en mesure de prouver cette dissimilation, les redevables encourent une amende égale à la moitié de la somme dissimulée[307] et payée solidairement par les parties.

TITRE II. LES DROITS DE TIMBRE

Les droits de timbre sont des impôts perçus à l'occasion de la rédaction d'un écrit formant titre, d'un acte juridique au sens de document. Ils sont habituellement classés dans la catégorie des impôts indirects ; ils sont dus à l'occasion de faits accidentels. Ils sont encaissés au profit du budget de l'Etat et ne présentent pas d'intérêt majeur en termes de rentabilité.

Si les droits d'enregistrement sont parfois exigibles en l'absence d'actes, l'impôt du timbre est lié obligatoirement à l'existence d'un écrit. On peut donc y échapper en s'abstenant de rédiger cet acte.

Pour aborder les droits de timbre, une présentation des généralités sera faite (chapitre I) suivi d'une classification (chapitre II) des droits de timbre.

---

[307] Au terme des dispositions de l'article 640 du LPF, l'amende est payée solidairement par les parties.

CHAPITRE I.

LES GÉNÉRALITÉS

Le présent chapitre, consacré aux généralités en matière de droits de timbre, s'articule autour de trois sections portant successivement sur le tarif et la liquidation des droits de timbre (section I), les modalités de paiement des droits de timbre (section II), les sanctions, le contrôle et la prescription (section III).

SECTION I. LE TARIF ET LA LIQUIDATION DES DROITS DE TIMBRE

L'étude du tarif et de la liquidation des droits de timbre suppose d'une part, l'examen de leur classification (paragraphe I), et, d'autre part, l'analyse des règles applicables à leur liquidation (paragraphe I).

Seront successivement abordés la classification des droits de timbre et leur liquidation.

Paragraphe I. La classification

Les droits de timbre sont classés en trois catégories :

- - les droits dont la quotité, c'est-à-dire le montant dépend de la dimension du papier utilisé. Il s'agit du timbre de dimension ;
- - les droits de timbre dont la quotité est déterminée en fonction des valeurs exprimées dans les actes. Il s'agit du timbre de quittance et du timbre proportionnel des effets négociables et non négociables ;

- les droits de timbre dont la quotité ne dépend ni de la valeur exprimée ni de la dimension du papier. Il s'agit des droits fixes dont le montant varie suivant la nature de l'acte ou du document (droits applicables aux contrats de transport, droits de délivrance de certains documents : cartes d'identité, passeport).

Paragraphe II. La liquidation

La liquidation des droits de timbre est l'opération par laquelle l'administration fiscale ou le redevable calcule le montant du droit exigible selon la nature de l'acte et le tarif applicable.

Les règles de liquidation des droits de timbre sont fonction de la nature du droit exigible. Les droits de timbre doivent être liquidés au seul vu des mentions indiquées dans l'acte.

SECTION II. LES MODALITÉS DE PAIEMENT DES DROITS DE TIMBRE

Le timbre sanctionnant l'existence d'un écrit, le procédé fondamental de paiement de l'impôt est l'emploi d'un papier spécial pour rédiger l'acte, le papier de la débite : dans ce cas, le paiement est donc préalable à la création de l'acte.

Le législateur a institué d'autres modes de paiement en vue notamment de simplifier les obligations des assujettis. Au total, le droit de timbre peut être acquitté, suivant les cas, de l'une ou l'autre des façons ci-dessous décrites[308]. L'étude des modalités de paiement des droits de timbre portera successivement sur les timbres mobiles (paragraphe I) et le visa pour timbre (paragraphe II), le paiement sur état (paragraphe III), la machine à timbrer (paragraphe IV).

Paragraphe I. Les timbres mobiles[309]

Ils sont des vignettes imprimées à la demande de l'administration fiscale et vendues dans les mêmes conditions que le papier de la débite. Lesdites vignettes sont apposées par les parties sur les écrits soumis au timbre au moment même du fait générateur de l'impôt. Les timbres utilisés doivent être oblitérés immédiatement après leur apposition par l'inscription de la date de l'oblitération suivie de la signature ou de l'indication du redevable.

Paragraphe II. Le visa pour timbre[310]

Le visa est une formalité donnée par l'inspecteur de l'enregistrement consistant en une mention comparable à celle de

[308] A titre rappel, il existait le papier de la débit. C'est est un papier blanc spécial offrant des garanties exceptionnelles de conservation. Chaque feuille est revêtue à la partie gauche une empreinte indiquant la quotité du timbre. Ce papier est vendu dans les bureau de l'enregistrement et par les personnes commises par l'administration fiscale. De nos jours, ce papier n'est pas disponible.

[309] Voyez dans ce sens les articles 375 et suivants du CGI.

[310] Voyez dans ce sens les articles 383 et suivants du CGI.

l'enregistrement apposée sur l'acte et qui s'accompagne du paiement des droits de timbre dus.

Le visa pour timbre est utilisé notamment pour le paiement des droits concernant les écrits rédigés en contravention aux lois sur le timbre, aux écrits présentés spontanément par les parties ou annexés à des actes soumis à l'enregistrement.

Paragraphe III. Le paiement sur état[311]

Par dérogation à la règle suivant laquelle le timbrage doit être effectué avant usage du papier et pour faciliter aux contribuables le paiement de l'impôt, l'administration peut, sous certaines conditions, autoriser les redevables à acquitter les droits sur états.

Dans ce cas, le contribuable n'a pas à timbrer les écrits qu'il établit. Il doit simplement apposer sur chacun d'eux une mention ainsi rédigé « Droit de timbre payé sur état… ».

Les droits de timbre dus sur ces écrits sont payés à l'expiration de chaque mois et dans les vingt (20) premiers jours du mois suivant.

Paragraphe IV. La machine à timbrer[312]

La législation fiscale peut autoriser les redevables à substituer aux timbres mobiles des empreintes imprimées à l'aide de machines spéciales, dites machines à timbrer, à l'encre indélébile de couleur rouge.

L'installation d'une machine à timbrer est subordonnée à l'autorisation de l'administration fiscale. L'usager doit verser une provision ou offrir une caution bancaire. Il est tenu de verser le 1er de chaque mois à l'administration fiscale la valeur des empreintes apposées au cours du mois précédent.

Il est accordé aux usagers sur le montant des droits de timbre dont le paiement est ainsi constaté une remise.

---

[311] Voyez dans ce sens l'article 365 du CGI.
[312] Voyez l'article 395 du CGI.

SECTION III. LES SANCTIONS, LE CONTRÔLE, LA PRESCRIPTION

Cette section examine les sanctions applicables en cas de manquement aux obligations relatives aux droits de timbre (paragraphe I), analyse le contrôle exercé par l'administration fiscale (paragraphe II) et étudie la prescription (paragraphe III) en matière de droits de timbre.

Paragraphe I. Les sanctions

Le non-respect des obligations législatives et/ou réglementaires en matière de timbre peut donner lieu à :

- des amendes fiscales qui constituent la sanction la plus fréquente (actes non timbrés ou insuffisamment timbrés ;
- des peines sanctionnant des infractions de caractère nettement frauduleux (contrefaçon de timbres) ;
- des sanctions administratives, telle que retrait de l'autorisation de payer les timbres sur états, d'utiliser les machines à timbrer.

Paragraphe II. Le contrôle

En vue de prévenir la fraude ou d'en permettre plus facilement la découverte, certaines obligations sont imposées aux redevables (tenue et conservation de certains documents, droit de communication de l'administration fiscale).

Les agents de l'administration sont chargés de surveiller l'exécution de la législation sur le timbre et par conséquent de rechercher et de constater les contraventions commises en cette matière. A cet égard, il est interdit

Paragraphe III. La prescription

Il y a prescription pour la demande des droits de timbre et des pénalités, après un délai de dix ans, à compter de la date d'exigibilité de ces droits et pénalités[313]. Toutefois, la prescription de trois ans établie par l'article 599 du LPF s'applique aux amendes pour contravention à la réglementation du timbre. Cette prescription court du jour où les agents ont été mis à même de constater les contraventions.

---

[313] Article 613 du LPF.

CHAPITRE II.

LA TYPOLOGIE DES DROITS DE TIMBRE

Au Mali, on distingue plusieurs types de droits de timbre. Ils sont généralement classés en fonction de leur objet ou de leur utilisation. La typologie des droits de timbre regroupe le timbre de dimension (section I), le timbre des quittances (section II), le droit de timbre proportionnel (section III) auxquels s'ajoutent les autres droits de timbre (section IV). Ces différents droits de timbre feront l'objet des développements qui suivent.

SECTION I. LE TIMBRE DE DIMENSION

Comme son nom l'indique, le droit de timbre de dimension est un impôt dont le montant varie avec la dimension du papier utilisé[314]. Ainsi, sont assujettis au droit de timbre de dimension, tous actes et écritures, extraits, copies et expéditions, soit publics, soit privés, devant ou pouvant faire titre ou être produits pour obligation, décharge, justification, demande ou défense, en particulier : les actes des notaires et les extraits, copies et expéditions qui en sont délivrés, les actes des huissiers, les copies et expéditions qu'ils en délivrent, les actes et procès-verbaux des gendarmes et de tous les autres employés ou agents ayant le droit de verbaliser et les copies qui en sont faites, les actes et jugements de la justice de paix, des bureaux de paix et de conciliation, de la police ordinaire, des tribunaux et des arbitres, et les extraits, copies et expéditions qui en sont délivrés.

En sont exonérés, par exemple, les contrats de travail, les actes, pièces, écrits relatifs à la procédure d'expropriation pour cause d'utilité publique.

La présente section est structurée autour de trois paragraphes. Le premier paragraphe détermine les conditions d'exigibilité au droit de timbre de dimension, le deuxième paragraphe analyse l'étendue du droit de timbre de dimension et le fait générateur, le troisième paragraphe porte sur les règles relatives au tarif et à la liquidation.

---

[314] Les actes soumis au timbre de dimension sont énoncés aux articles 375, 376 et 377 du CGI.

Paragraphe I. Les conditions d'exigibilité

Deux conditions doivent être remplies pour qu'un écrit soit soumis au timbre de dimension :

- il faut qu'il s'agisse d'un écrit susceptible de faire titre, c'est-à-dire d'apporter la preuve d'un fait juridique quelconque :
- cet écrit ne doit pas être assujetti par la législation fiscale à un autre droit de timbre.

Paragraphe II. L'étendue du droit et fait générateur

Le droit de dimension est applicable non seulement les minutes et originaux des actes, mais aussi les copies, extraits ou expéditions. Si un acte est établi en plusieurs exemplaires, tous les exemplaires y sont soumis[315].

Le fait générateur réside, en général, dans la signature des actes ou écrits assujettis. Pour les doubles ou copies, le fait générateur se situe à la date de leur établissement.

Paragraphe III. Le Tarif et la liquidation

Le prix des papiers timbrés que fournit le service de l'enregistrement et le droit de timbre des papiers que les contribuables sont autorisés à timbrer eux-mêmes ou qu'ils font timbrer, sont fixés ainsi qu'il suit à raison de la dimension du papier :

- Papier registre : 15.000 FCFA ;
- Papier normal : 7.500 FCFA ;
- Demi-reliure de papier normal : 3.500 FCFA.

Toutefois, les correspondances adressées à l'Administration en application de l'article 377 alinéa 8 du CGI sont assujetties quelle que soit la dimension du papier employé, à un droit de timbre de :

- 500 FCFA pour les demandes d'attribution de terrain ;
- 200 FCFA pour les autres correspondances[316].

---

[315] Pour un même acte, les droits d'enregistrement ne sont dus qu'une seule fois.

[316] Article 378 du CGI.

Si les papiers ou documents que les contribuables sont admis à timbrer par apposition de timbres mobiles se trouvent être de dimensions différentes des papiers timbrés fournis par le Service de l'Enregistrement, le timbre, quant au droit établi en raison de la dimension, est payé au prix du format supérieur[317].

Les modes de paiement de cet impôt sont, outre l'emploi du papier de la débite ou de timbres mobiles, le visa pour timbre et l'usage de machine à timbrer.

SECTION II. LE TIMBRE DES QUITTANCES

Le droit de timbre de quittances est applicable les reçus et titres de quelque nature qu'ils soient, sous seing privé, qui emportent libération ou décharge de titres ou valeurs, ou qui constatent des paiements ou des versements, et notamment les billets de cinéma, les billets de voyageurs et bulletins de bagages délivrés par les sociétés de transport par voie ferrée ou tout autre transporteur[318].

Le droit est dû pour chaque acte, reçu, décharge, quittance ou billet. Il n'est applicable qu'aux actes faits sous signatures privées et ne contenant pas de dispositions autres que celles spécifiées à l'article précédent.

Un écrit emporte libération lorsqu'il permet au débiteur de prouver qu'il s'est acquitté, c'est-à-dire libéré de tout ou partie de sa dette.

Paragraphe I. Les conditions d'exigibilité

Les conditions d'exigibilité sont au nombre de quatre.

Premièrement, un écrit doit être créé et remis au débiteur, remise qui constitue le fait générateur du droit de timbre.

Deuxièmement, l'écrit doit avoir pour effet la libération du débiteur ou constater un paiement ou un versement de sommes ou décharge de titres, valeurs ou objets. Il n'est pas nécessaire que l'écrit

---

[317] Article 379 du CGI.
[318] Article 394 du CGI.

soit signé : il suffit qu'il apporte la preuve du paiement ou du versement ou de la remise des objets.

Troisièmement, l'écrit doit être pur et simple, c'est-à-dire qu'il ne doit contenir qu'une disposition celle concernant la quittance. Un acte de vente d'immeuble dans lequel le vendeur reconnait avoir reçu le prix qui lui est dû n'est pas soumis au timbre de quittance mais plutôt au timbre de dimension.

Quatrièmement, l'écrit doit être sous seing privé. Les quittances données par acte authentique sont soumises du timbre de dimension.

Paragraphe II. Les exemptions

Les exemptions au droit de timbre de quittance sont nombreuses[319]. Il peut être retenu :

- les acquits inscrits sur les chèques ainsi que sur les lettres de change, billets à ordre et autres effets de commerce assujettis au droit proportionnel ou au droit de timbre fixe de 100 F ;
- les quittances de 100 FCFA et au-dessous, quand il ne s'agit pas d'un acompte ou d'une quittance finale sur une forte somme ;
- les reconnaissances et reçus donnés soit par lettres, soit autrement, pour constater la remise d'effets à négocier, à accepter ou à encaisser ;
- les écrits ayant pour objet, soit la reprise des marchandises livrées à condition ou des enveloppes et récipients ayant servi à des livraisons, soit la déduction de la valeur des mêmes enveloppes et récipients, que cette reprise ou cette déduction soit constatée par des pièces distinctes ou par des mentions inscrites sur les factures ;
- les acquits de salaires donnés par les employés à leurs employeurs.

Toute quittance de sommes réglées par voie de chèque tiré sur un banquier ou par voie de chèque postal, ou par virement en banque, ou par virement postal est exemptée du droit de timbre de quittance à la condition de mentionner :

---

[319] Les articles 81 et 82 du chapitre 1consacré aux exemptions régimes spéciaux en matière d'enregistrement et de timbre.

- si le règlement a lieu par chèque, la date et le numéro du chèque ainsi que le nom du tiré ou le numéro du compte postal et l'indication du bureau de chèques postaux qui tient ce compte ;
- si le règlement a lieu par virement en banque, la date de l'ordre de virement, la date de son exécution et la désignation des banques qui ont concouru à l'opération ;
- si le règlement a lieu par virement postal, la date et le numéro du chèque de virement, le numéro du compte postal débité et la date du débit et l'indication du Bureau de chèques postaux qui tient ce compte.

Paragraphe III. Les tarifs et paiement

Le droit de timbre des titres de quelque nature qu'ils soient, signés ou non signés, faits sous signatures privées, qui emportent libération ou qui constatent des paiements ou des versements de sommes, à l'exception des billets de cinéma, est fixé à :

- 40 FCFA quand les sommes sont inférieures à 1.000 FCFA ;
- 120 FCFA quand les sommes sont comprises entre 1.000 FCFA et 10.000 FCFA ;
- 240 FCFA quand les sommes sont comprises entre 10.000 FCFA et 50.000 FCFA ;
- au-delà, 160 FCFA en sus, par fraction de 50.000 FCFA[320].

Sont frappés d'un droit de timbre de quittance uniforme de 500 FCFA les titres comportant reçu pur et simple, libération ou décharge de titres, valeurs ou objets, exception faite des reçus relatifs aux chèques remis à l'encaissement[321].

- Le droit de timbre de quittance exigible sur les billets de cinéma est ainsi fixé :
- 2 FCFA quand le prix du billet est égal ou inférieur à 50 FCFA ;
- 5 FCFA quand le prix du billet est compris entre 50 et 100 FCFA ;
- 10 FCFA quand le prix du billet est supérieur à 100 FCFA[322].

---

[320] Article 397 du CGI.
[321] Article 398 du CGI.
[322] Article 399 du CGI.

Le droit de timbre de quittance est acquitté par l'apposition de timbres mobiles sur les écrits passibles de l'impôt collés et immédiatement oblitérés suivant les modalités prévues à l'article 377 du présent Livre.

Les billets de cinéma peuvent, sur demande expresse adressée au Directeur des Grandes Entreprises ou au Directeur des Impôts du District ou au Directeur Régional des Impôts, n'être revêtus d'aucun timbre. La perception est alors effectuée sur états, dans les conditions prévues aux articles 363 et 364 du présent Livre.

Sont également considérés comme non timbrés les actes, pièces ou écrits :

- sur lesquels un timbre mobile aurait été apposé en dehors des cas prévus par les articles 397 à 399 du CGI ;
- pour lesquels les conditions prévues à l'article 365 du LPF en matière de paiement sur états n'ont pas été remplies.

Le droit de timbre est à la charge du débiteur, néanmoins le créancier qui a donné quittance, reçu ou décharge en contravention aux dispositions des articles 397 à 399 du Code Général des Impôts est tenu au paiement, personnellement et sans recours, nonobstant toute stipulation contraire, du montant des droits, frais et amendes.

La contravention est suffisamment établie par la présentation des pièces non timbrées et annexées aux procès-verbaux que les agents de l'Enregistrement, les officiers de police judiciaire, les agents des douanes et des impôts sont autorisés à dresser, conformément à l'article 409 du LPF.

SECTION IV. LE DROIT DE TIMBRE PROPORTIONNEL[323]

Les effets négociables ou de commerce sont des titres qui se transmettent suivant les modes spéciaux prévus par le droit commercial, c'est-à-dire de la main à la main (tradition) ou par simple endos (signature au verso du titre) ; ils donnent droit au paiement d'une

---

[323] Le timbre proportionnel est régi par les articles 380 à 393 du CGI.

somme d'argent payable à vue, c'est-à-dire immédiatement ou à une date assez proche.

Les principaux effets négociables sont les billets à ordre, les lettres de change (traites). Ces effets ne doivent être confondus avec les actions et les obligations qui sont des titres négociables mais qui représentent des valeurs de placement. Les effets non négociables sont des titres transmissibles. Pour cerner au mieux le droit de timbre proportionnel, il convient de déterminer son champ d'application et ses conditions d'exigibilité (paragraphe I) et ses tarifs (paragraphe II).

Paragraphe I. Le champ d'application et les conditions d'exigibilité

Sont assujettis au droit de timbre, en raison des sommes et valeurs :

- les billets à ordre ou au porteur, les lettres de change, mandats, retraits, ordres de payer et tous autres effets négociables ou de commerce, même des lettres de change tirées par seconde, troisième et duplicata, et ceux faits au Mali et payables hors du Mali ;
- les billets et obligations non négociables et les mandats à terme ou de place à place.
- Le droit de timbre proportionnel est exigible à la double condition :
- qu'il s'agisse d'effets négociables ou non négociables ;
- qu'ils aient été établis au Mali ou donnent lieu à certaines opérations au Mali (acceptation, encaissement, endossement…).

Paragraphe II. Les tarifs

Le tarif ordinaire du droit proportionnel est fixé à 0,60 %. Ce droit se calcule sur le montant de la somme inscrite sur l'effet.

Exemple : Soit une traite d'un montant de 2.000.000 F venant à échéance le 31 octobre 2025. Elle devra être revêtue de timbres fiscaux pour un montant de : 2.000.000 x 0,60% = 12.000 F.

Les effets de commerce revêtus, dès leur création, d'une mention de domiciliation dans un établissement de crédit ou un bureau de chèques postaux, ne sont soumis qu'à un droit de timbre fixe de 100 F, quelle que soit l'importance de la somme qu'ils mentionnent.

Les effets tirés hors du Mali, qui sont susceptibles de donner lieu à la perception du droit de timbre proportionnel, bénéficient du même régime à la condition d'être, au moment où l'impôt devient exigible au Mali, revêtus d'une mention de domiciliation répondant aux prescriptions de l'alinéa 1er de l'article 386 du CGI.

Un effet revêtu d'une mention de domiciliation, on parle encore effet domicilié, est un effet payable dans une banque ou un bureau de chèques postaux.

SECTION V. LES AUTRES DROITS DE TIMBRE

Les autres droits de timbre portent sur les timbres sur les contrats de transports (paragraphe I), le timbre afférent à la délivrance de certains documents, à savoir le timbre des passeports, la délivrance des casiers judiciaires, le timbre de certains actes de nature particulière (paragraphe II).

Paragraphe I. Les timbres sur les contrats de transports

Les lettres de voitures, connaissements, bulletins de bagage et à tous autres écrits ou pièces en tenant lieu, constatant un transport de marchandises, que le transport ait lieu par route, chemin de fer, voie fluviale, maritime ou aérienne sont soumis à un droit de timbre. Ce droit de timbre varie en fonction du type de transport :

- pour le transport par route, le droit de timbre est fixé uniformément à 100 FCFA, y compris le droit de la décharge donnée par le destinataire ;
- pour le transport maritime, les connaissements venant de l'étranger sont soumis avant tout usage à un droit de timbre de 1.200 FCFA ;
- pour le transport par air, les lettres de voiture ou récépissés constatant un transport de marchandises par air sont soumis à un droit de timbre de 100 FCFA ;
- les pièces d'expédition ou toutes autres pièces justificatives de transports de marchandises par voie fluviale sont passibles d'un

droit de timbre de 100 FCFA, y compris le droit de la décharge donnée par le destinataire ;

- pour le transport des colis postaux, le droit de timbre des récépissés, bulletins d'expédition ou autres pièces en tenant lieu délivrés pour les transports prévus par les conventions relatives à l'organisation du service des colis postaux, est fixé, y compris le droit de la décharge donnée par le destinataire, à 40 FCFA pour chaque expédition de colis, quel qu'en soit le poids ;
- pour le transport par chemin de fer, sont soumis à un droit de timbre de 20 FCFA les bulletins de bagages constatant les paiements supérieurs à 500 FCFA délivrés aux voyageurs par les sociétés de transport par voie ferrée. Est fixé à 40 FCFA, y compris le droit de la décharge donnée par le destinataire et pour chacun des transports dont le coût est supérieur à 500 FCFA, effectués en grande ou petite vitesse, le droit de timbre des récépissés, bulletins d'expédition ou autres pièces en tenant lieu, délivrés.

Paragraphe II. Le timbre afférent à la délivrance de certains documents

Seront successivement abordés le timbre des passeports et laissez-passer, le timbre des casiers judiciaires et le timbre de certains actes de nature particulière.

A. Le timbre des passeports et laissez-passer

Le prix du carnet de passeport ainsi que le timbre y afférent sont fixés par décret pris en Conseil des Ministres. Chaque visa de passeport malien donne lieu à la perception d'un droit de 5.000 FCFA. Chaque visa de passeport étranger donne lieu à la perception d'un droit de 7.500 FCFA si le visa est valable pour aller et retour et de 5.000 FCFA s'il n'est valable que pour la sortie.

Sous réserve de l'application du principe de réciprocité, les différentes catégories de visas faisant l'objet du présent article donnent lieu à la perception d'un droit de timbre dont le tarif est fixé ainsi qu'il suit :

- 32.800 FCFA pour le visa d'entrée simple valable pour un mois ;
- 45.920 FCFA pour le visa d'entrées et sorties multiples valable pour trois mois ;
- 64.290 FCFA pour le visa d'entrées et sorties multiples valable pour six mois ;
- 90.000 FCFA pour le visa d'entrées et sorties multiples valable pour douze mois ;
- 5.000 FCFA par mois, soit 60.000 FCFA par an pour le visa de prorogation de séjour.

B. La délivrance des casiers judiciaires

La délivrance du bulletin n°3 du casier judiciaire est soumise à un droit de timbre de 375 F CFA[324]. Ce droit est perçu par le greffier au moment de la délivrance du document

C. Le timbre de certains actes de nature particulière[325]

Le droit d'examen pour l'obtention du permis de conduire les véhicules automobiles, les motocyclettes d'une cylindrée supérieure à 125 cm3 et, tous autres véhicules à moteur est fixé à 2.000 FCFA. La délivrance du permis de conduire les véhicules énumérés à l'article précédent donne lieu au paiement d'un droit de 3.750 FCFA qui, pour les véhicules automobiles, couvre toutes les extensions de validité de conduite. La même taxe est exigible pour les duplicatas qui en sont délivrés.

La durée de validité de la carte d'identité nationale est fixée à trois ans. Le prix de l'imprimé utilisé est fixé à :

- 1.000 FCFA pour les cartes d'identité délivrées en République du Mali ;
- 2.500 FCFA pour les cartes d'identité délivrées par les Missions Diplomatiques et Consulaires du Mali à l'étranger.

---

[324] Voyez dans ce sens l'article 415 du CGI.

[325] Voyez dans ce sens les articles 416 à 427 du CGI.

La carte d'identité nationale doit, en outre, être revêtue d'un timbre de 500 FCFA, apposé et oblitéré avant remise au titulaire.

La carte d'identité consulaire doit être revêtue d'un timbre mobile de 1.500 FCFA apposé et oblitéré avant remise au titulaire. Les cartes d'identité d'étrangers doivent être revêtues de timbres mobiles, dont les taux sont les suivants :

- délivrance des carnets : 12.500 FCFA ;
- visa annuel des carnets : 5.000 FCFA.

Ces taux sont respectivement abaissés à 2.500 FCFA et 1.000 FCFA pour les étrangers membres de communautés religieuses.

Les intentions d'exportation portant sur les produits miniers et le coton sont soumises à un droit de timbre fixé comme suit :

- tranche jusqu'à 500.000 francs CFA : 1,2 % ;
- tranche excédant 500.000 francs CFA : 0,6 % ».

BIBLIOGRAPHIE

1. Ouvrages

AGRON (Laure), Histoire du Vocabulaire fiscal, L.G.D.J, 2000, 507 p.

ALLAND (Denis) et Rials (Stéphane), Dictionnaire de la culture juridique, Quadrige, PUF, 2010, 1649 pages.

Benjamin RICOU, (Sous la Direction de), Regards croisés sur la qualité de la législation fiscale, LexisNexis 2022, 262 pages.

BELTRAME (Pierre), La fiscalité en France, 17ème édition, hachette supérieur, 159 p.

BELTRAME (Pierre), Les systèmes fiscaux, Que sais-je ?, Presses universitaires de France, 127 p.

BOUVIER (Michel), Les finances locales, 14ème édition, LGDJ, Lextensoéditions, 2011, 304 pages.

BOUVIER (Michel), Introduction au droit fiscal général et à la théorie de l'impôt, 10ème édition, LGDJ, Lextensoéditions, 2010, pages.

CASTAGNEDE (Bernard), La politique fiscale, Presses Universitaires de France, 2008, Paris, 127 pages.

CASIMIR (Jean-Pierre), Le contrôle fiscal, Livre de procédures fiscales, code annoté, 2022, Revue Fiduciaire, 18ème édition, 755 p.

CHAMBAS (Gérard), (Sous la direction de), Mobiliser des ressources locales en Afrique subsaharienne, Economica, 2010, 308 pages.

COLLET (Martin), Droit fiscal, 4ème édition mise à jour, Presses Universitaires de France, 2013,441 pages.

COLLET (Martin), Contrôle des actes de gestion, Droit fiscal, 2003, n°14.

COZIAN Maurice, Les grands principes de la fiscalité des entreprises, Quatrième édition-1999, LexisNexis, 493 pages.

COLLET (Martin), Droit fiscal, 13ème édition mise à jour, Thémis droit, Presses Universitaires de France, 2025,477 pages.

Guide fiscal du Mali, Editions –imprimeries du Mali-Bamako,

C. David, / O. Fouquet, B.Plagnet/P.-F. Racine, Les grands arrêts de la jurisprudence fiscale, 5e édition, Dalloz, 2009,1135 pages.

GROSCLAUDE, Jacques, MARCHESSOU Philippe, Droit fiscal général, 11ème édition, Dalloz 2018, 251 pages.

EGRET (Georges), La TVA, Que sais-je ? PUF, 3ème Edition mise à jour 1989, juin, Achevé d'imprimer en juillet 2022 sur les presses de la Nouvelle Imprimerie Laballery.

FRANCIS Lefebvre Memento pratique, Fiscal, 2014.

GODBOUT (Luc), L'intervention gouvernementale par la politique fiscale, le rôle des dépenses fiscales, étude comparée : Canada, Etats-Unis, France, Economica, 2006, 309 pages.

GOUNGOUNGA (C), Le Lexique économique, le vocabulaire et les mécanismes de l'économie, DPU, 1998.

MEHL (Lucien), BELTRAME (Pierre), Science et technique fiscales, Thémis Droit, Presses universitaires de France, 1984, 781 p.

NEURRISSE (André), Histoire de la Fiscalité en France, Economica, 1996. 111 p.

LAURE (Maurice), Traité de politique fiscale, PUF, 1956

LAURE (Maurice), Science Fiscale, Presses Universitaires de France 1993, Paris, 414 p.

SAWADOGO F. M et DEMBELE S., Précis de droit fiscal burkinabè, Collection précis de droit burkinabè, 2003, 633 pages.

VALLEE (Annie), Les systèmes fiscaux, Editions du Seuil, 2000, 242 pages.

EY, Droit Afrique, Précis fiscal 2021, Côte d'Ivoire, juin 2021, 131 pages.

EY, Droit Afrique, Précis fiscal 2021, Sénégal, juin 2021, 135 pages.

OUDENOT (Philippe)OT, Fiscalité approfondie des sociétés, Précis fiscal, 7ème édition,2024, LexisNexis, 985 pages.

2. Textes législatifs et réglementaires

Constitution.

Loi n°59-50/AL/RS du 28 décembre 1959 portant création de la Direction des Impôts.

Loi n°67-12-AN-RM du 13 avril 1967 portant création de la Direction unique des Impôts et des Douanes.

Loi n°84-25/AN-RM du 09 juillet 1984 portant création de la Direction nationale des Impôts.

Loi n°003 du 3 février 1993 abrogée et remplacée par la Loi n°97-013 du 07 mars 1997 instituant l'ADIT.

Loi n°96-058 AN-RM du 16 octobre 1996 déterminant les ressources fiscales du district de Bamako et des communes qui le composent.

Loi n°99-040 du 10 août 1999 régissant la promotion immobilière.

Loi n°06-067 du 29 décembre 2006, modifiée, portant Code général des impôts, Journal officiel n°5 du 20 février 2007.

Loi n°06-068 du 29 décembre 2006, modifiée, portant Livre de procédures fiscales, Journal officiel n°5 du 20 février 2007.

Loi n°2011-036/du 15 juillet 2011 relative aux ressources fiscales des communes, des cercles et régions du Mali.

Loi n°2011-088 du 30 décembre 2011 portant Loi d'orientation du secteur privé.

Loi n°2012-016 du 27 février 2012 portant Code des investissements, Journal officiel n°9 du 2 mars 2012.

Loi n°2013-023 du 11 juillet 2013, modifiée, relative aux lois de finances.

Ordonnance n°02-058/P-RM du 05 juin 2002 portant création de la Direction générale des impôts, modifiée par l'Ordonnance n°2019-030 du 24 juillet 2019.

Ordonnance n°2024-001/PT-RM du 15 janvier 2024 portant création de la Direction générale des Domaines et du Cadastre.

Ordonnance 90-058 /P-RM du 10 octobre 1990 portant création de la Direction générale des Douanes.

Décret n°95-056/P-RM du 16 février 1995 fixant l'organisation et les modalités de fonctionnement de la Direction générale des Douanes.

Arrêté n°09-3040/MEF-SG du 20 octobre 2009 fixant la liste des bureaux, brigades et postes de douanes.

Ordonnance n°2024-017/P-RM du 27 septembre 2024 portant création de la Direction Générale du Trésor et de la Comptabilité publique.

Décret n°2019-0978/P-RM du 19 décembre 2019 fixant l'organisation et les modalités de fonctionnement de la Direction générale des Impôts.

Décision n°0076/MF-SG du ministre des Finances portant adoption de la Charte du contribuable vérifié.

3. Textes communautaires

Acte uniforme de l'OHADA relatif au droit des sociétés commerciales et du groupement d'intérêt économique.

Acte uniforme de l'OHADA relatif au droit comptable et à l'information financière.

Traité révisé de l'Union économique et monétaire ouest africaine (UEMOA).

Directive n°02/98/CM/UEMOA portant harmonisation des législations des Etats membres en matière de TVA du 22 décembre 1998, modifiée par la Directive n°02/2009/CM/UEMOA du 27 mars 2009.

Décision n°01/98/CM/UEMOA du 03 juillet 1998 portant adoption du programme d'harmonisation des fiscalités indirectes intérieures au sein de l'UEMOA.

Décision n°16/2006/CM/UEMOA du 16 décembre 2006 portant adoption du programme d'harmonisation de la fiscalité directe au sein de l'UEMOA.

TABLE DES MATIÈRES

Structures éditoriales du groupe L'Harmattan

L'Harmattan Italie
Via degli Artisti, 15
10124 Torino
harmattan.italia@gmail.com

L'Harmattan Hongrie
Kossuth l. u. 14-16.
1053 Budapest
harmattan@harmattan.hu

L'Harmattan Sénégal
10 VDN SICAP AMITIE 3
BP 45034 Dakar-Fann
direction@senharmattan.com

L'Harmattan Cameroun
Tsinga/Derrière polyclinique FECAFOOT
BP 11486 Yaoundé
Jacques.koukam@harmattan.fr

L'Harmattan Burkina Faso
Villa 281, secteur 23 623, rue 14.32
Ouagadougou
zagbie@outlook.fr

L'Harmattan Guinée
Almamya, rue KA 028 OKB Agency
BP 3470 Conakry
harmattanguinee@yahoo.fr

L'Harmattan RDC
185, avenue Nyangwe
Commune de Lingwala – Kinshasa
matangilamusadila@yahoo.fr

L'Harmattan Congo
219, avenue Nelson Mandela
BP 2874 Brazzaville
deunovmikhael@gmail.com

L'Harmattan Mali
Immeuble Mgr Jean Marie Cissé
Aci Hamadallaye
BP 145 Bamako
syllaka@yahoo.fr

L'Harmattan Togo
Djidjole – Maison Amela
face EPP BATOME
02 BP 20680 Lomé
didieramela11@gmail.com

L'Harmattan Côte d'Ivoire
Résidence Karl – Cité des Arts
Abidjan-Cocody
03 BP 1588 Abidjan
harmattan.ivoire@gmail.com

L'Harmattan Bénin
Rue 604, (Immeuble à l'entrée
de la rue UCAO- Cite de Saint-Jean)
Cotonou
stepcorpus@gmail.com

Nos librairies en France

Librairie internationale
16, rue des Écoles
75005 Paris
librairie.internationale@harmattan.fr
01 40 46 79 11
www.librairieharmattan.com

Librairie des savoirs
21, rue des Écoles
75005 Paris
librairie.sh@harmattan.fr
01 46 34 13 71
www.librairieharmattansh.com

www.ingramcontent.com/pod-product-compliance
Lightning Source LLC
LaVergne TN
LVHW050802061126
851857LV00012B/650
9782336637105